Familien-Reiseführer

ITALIENISCHE RIVIERA MIT GENUA

COMPANIONS

Familien-Reiseführer Italienische Riviera mit Genua

Spielen, sonnen und baden an den Stränden der Italienischen Riviera

Die Italienische Riviera für Eltern und Kinder

Kinderfreundliche Strände

Zehn Touren, die allen Spaß machen

Die tollsten Attraktionen für Kinder

Erfrischung auch von oben im Parko acquatico Le Caravelle

Christoph Kolumbus weist den Weg in Santa Margherita Ligure

Gut zu wissen

Was Sie wissen sollten

Diese Zeichen und Symbole begleiten Sie durch das ganze Buch und geben Ihnen besondere Informationen:

Die Mini-Karte von Ligurien mit dem dicken roten, grünen oder blauen Punkt zeigt Ihnen auf einen Blick, an welchem Ort sich die jeweilige Adresse befindet.

Infos zur Region oder spezielle Empfehlungen für die Eltern gibt's in den grünen Kästen.

In den orangefarbenen Kästen stehen tolle Tipps oder Geschichten für Kinder.

Regionale kulinarische Genüsse oder ein Restaurant, in dem auch Ihre Kinder auf ihre Kosten kommen, finden Sie in den blauen Kästen.

Unser Autor Gottfried Aigner hat mittlerweile seinen elften Familien-Reiseführer geschrieben. Bei seiner Suche nach den kinderfreundlichsten Attraktionen war er u. a. auf den spanischen Inseln, in der Provence und in seiner Wahlheimat Italien von Südtirol bis zur Toskana unterwegs. Nun hat er sich von seinem Zweitwohnsitz über dem Gardasee auf den Weg an die Italienische Riviera gemacht und nach den besten Tipps für Familien Ausschau gehalten.

DIE ITALIENISCHE RIVIERA FÜR ELTERN UND KINDER

Die Italienische Riviera entdecken

Wer Riviera hört, spürt gleich die wärmenden Sonnenstrahlen auf der Haut, sieht sanfte Wellen, die sich an weite Sandstrände schmiegen, hört den grellen Schrei der Möwen, sieht schlanke Palmen, deren Wedel sich sanft in der Brise des Meeres wiegen. Diese traumhafte Vorstellung hat sich seit der Mitte des 19. Jahrhunderts gehalten, als reiche Engländer den Beginn eines europäischen Tourismus einleiteten. Von damals bis heute ist das milde Klima der Riviera ein Trumpf der Region Ligurien, begünstigt durch die nach Süden ausgerichtete Küstenlinie und die sich hinter ihr aufreihenden Hügel und Täler, durch die Ligurischen Alpen von den kalten Nordwinden abgeschirmt. Allerdings macht sich auch am Ligurischen Meer der Klimawandel bemerkbar: Es regnet mehr und stürmt stärker von September bis November, dann muss auch der Bootsverkehr eingestellt werden.

In der Küstenregion Ligurien locken tiefblaues Wasser und schöne Strände

Ligurische Fakten

Ligurien ist mit 5.500 km² die drittkleinste italienische Region vor Molise (4.438 km²) sowie dem Aostatal (3.262 km²) und kleiner als Südtirol (7.400 km²). Die Küstenlinie beträgt 315 Kilometer. Das steil ansteigende Hinterland besteht zu zwei Dritteln aus Bergland bis mehr als 1.000 Meter Höhe und zu einem Drittel aus Hügeln. Die Hauptstadt ist ***Genua*** *mit 615.000 Einwohnern. Die Region ist aufgeteilt in vier Provinzen: Genua (884.000 Einw.), Savona (285.000 Einw.), La Spezia (221.600 Einw.) und Imperia (219.400 Einw.). Im Westen grenzt Ligurien an die Provence, im Osten an die Toskana, im Norden an den Piemont und an die Emilia Romagna.*

Nebensaison und Sommerferien

300 Sonnentage im Jahr, das ist ein Garantieschein für Eltern, mit ihren Kindern einen fröhlichen Sommerurlaub zu planen. Ideal für Familien mit nicht schulpflichtigen Kindern sind die Monate April bis Juni und September/Oktober. In den Monaten Juli bis August sind auch viele italienische Familien im Urlaub und in Ligurien unterwegs. Die Strände sind dann ein wenig voller, aber es finden in dieser Zeit auch die spannendsten Veranstaltungen statt.

Ligurien, ein Bumerang

Für die richtige Urlaubsplanung ist es hilfreich, sich zuerst einmal mit dem landschaftlichen Aufbau der schmalen Region Ligurien zu beschäftigen. Wie ein Bumerang schmiegt sich die italienische Riviera zwischen die Grenzen von Frankreich und der Toskana. Etwa in der Mitte, im Knie, liegt die **Regionalhauptstadt Genua** (lat. genu=das Knie). Ganz nah beieinander „stapeln" sich die verschiedenen Landschaftsteile aufeinander: das Meer, das Band der Urlaubsorte, die Autobahn mit ihren Tunneln und Brücken, das hügelige Hinterland mit vielen sehenswerten Städtchen und Dörfern, der **Ligurische Apennin** mit dem 440 Kilometer langen Wanderweg, der **Alta Via dei Monti Liguri.**

Schöner Strand und Genua-Besuch

Schon vor der der Buchung des Urlaubsortes muss gut überlegt werden, welche Aktivitäten Kinder, Eltern und Großeltern bevorzugen. Hauptvergnügen ist meistens das Toben in den Wellen

An der Italienischen Riviera gibt es viele Strände mit flachem Einstieg

des Ligurischen Meeres, natürlich an sauberen und sicheren Stränden (siehe Kinderfreundliche Strände ab S. 15). Wenn dann auch noch die lebhafte Hafenstadt Genua während der Ferien intensiver erforscht werden soll, müsste die Unterkunft in der Nähe liegen oder mit Zug bzw. Bus gut verbunden sein. An der **Riviera di Levante** (östlich) wären dies zum Beispiel mit der Bahn die Badeorte Chiavari, Monéglia, Deiva Marina mit Framura, mit dem Bus oder Boot Lerici und Fiumaretta bei Ameglia. An der **Riviera di Ponente** (westlich) kämen in erster Linie folgende Orte mit empfohlenen Stränden infrage: Varazze, Celle Ligure, Albissola (Marina und Superiore), Savona, Bergeggi, Spotorno, Noli, Finale Ligure und Loano.
Im Hochsommer sollten wegen der hohen Temperaturen für einen Bummel durch Genua (siehe Tour 6) die Morgenstunden gewählt werden. Mittags empfehlen sich dann die „schattigen" Attraktionen der Stadt wie das Galata-Meeresmuseum und das Aquarium, oder man plant einen Bummel durch die schattigen Gassen und Arkaden mit Stopps in klimatisierten Geschäften.

Mit dem Schiff die Region erkunden (siehe Tour 2)

Frische Luft und kühler Schatten

Vor allem durch Vielfäligkeit kann die Region punkten: Von der warmen Küstenregion ist es nur eine kurze Fahrt, und schon können Familien in den Wäldern und Hügeln des nördlichen Ligurien die frische Bergluft genießen. Für Urlauber im Osten Liguriens ist ein Ausflug in den Regionalpark Montemarcello-Magra (siehe Tour 1) zu empfehlen, sehr bequem ab den Orten Portovenere, La Spezia und Lerici. Erlebnisreich wird ab Chiavari, Lavagna und Sestri Levante die Tour zu ehrwürdigen Klöstern und Orten des Aveto-Regionalparks bis zum malerischen Varese Ligure (siehe Tour 3). Teils anstrengend aber ein gutes Training für die Lungen ist ab Santa Margherita oder Portofino die Wanderung zur Abtei San Fruttuoso (siehe Tour 4). Bequemer gestaltet sich ab Genua die ratternde Zugfahrt in die Berge bis Casella Paese (siehe Tour 5). Ebenso abwechslungsreich bieten sich im Westen Liguriens (Ponente) Exkursionen an. Leicht durchzuführen ab dem Bereich Noli-Finale Ligure-Loano das Rendezvous mit den Neandertalern inklusive Besuch eines aktiven Museums in Finalborgo (siehe Tour 7). Zwischen Alassio und Albenga geht es per pedes auf die alte römische Via Julia Augusta (siehe Tour 8). Frischen Gegenwind genießen Radfahrer und schnelle Jogger auf der 24 Kilometer langen „Passegiata al Mare" zwischen San Lorenzo al Mare und San Remo (siehe Tour 9). Zwischen Bordighera und Ventimiglia schließlich geht die Fahrt nordwärts durch das Nervia-Tal bis zu den Hexen im Bergort Triora (siehe Tour 10).

Was Eltern wissen sollten

Strahlender Sonnenschein sorgt in der Hauptsaison häufig für Temperaturen über 30 Grad. Mit kleinen Kindern im Vorschulalter sind deshalb die Monate April bis Anfang Juni sowie September und Oktober die beste Reisezeit. Aber auch mit Schulkindern bieten die Oster- und Herbstferien Gelegenheiten für einen erlebnisreichen Riviera-Urlaub.

„Blau" für sauber und sicher

Eine sehr wichtige Frage ist die Wahl des Strandes, sauber und sicher soll das Badevergnügen sein. Eine große Hilfe ist die seit 1990 für intakte Badezonen verliehene Blaue Flagge. Um sie hissen zu dürfen, müssen die Gemeinden viele Bedingungen erfüllen (siehe Kasten). An der Italienischen Riviera haben in den letzten Jahren 20 Badeorte die Auszeichnung erhalten. Sie finden diese im

Die Blaue Flagge garantiert sicheren Badespaß im Urlaub

Bedingungen für die **Blaue Flagge**

Um von der europäischen FEE (Foundation for Environmental Education) das Umweltzeichen zu erhalten, müssen u. a. folgende Kriterien erfüllt werden: Ein sicherer Zugang zum Strand (auch für Behinderte) muss gewährleistet sein und die Standards für Badewasser müssen eingehalten werden. Auch die regelmäßige Säuberung des Strandes und eine gute Abwasser- und Abfall-Entsorgung (ausreichende Zahl von Abfallbehältern) sind Voraussetzung für das Gütezeichen. Zudem müssen in der Küstenzone Umweltaktivitäten angeboten werden und der Naturschutz darf nicht beeinträchtigt werden. Beruhigend für den Strandbesucher: Auch die Anwesenheit von Rettungsschwimmern, ein Vorrat an Erste-Hilfe-Material sowie Notfallpläne werden für die Auszeichnung vorausgesetzt. Wer alle Standards erfüllt, darf die Blaue Flagge mit Jahresangabe ein Jahr lang an den Strand hängen.
Aktuelle Informationen gibt es unter www.blueflag.org (auf Englisch) oder www.bandierablu.org (auf Italienisch).

Unter den wachsamen Augen der Strandwache unbeschwert planschen

Kapitel „Kinderfreundliche Badestrände“ (S. 15), dazu auch einige Empfehlungen ohne die Blaue Flagge, weil für Urlauber auch andere Kriterien wichtig sein können. Doch Vorsicht, manchmal hängen „getürkte“ Flaggen am Strand, beispielsweise ohne die unumgängliche Jahreszahl.

Oder ein Ort wirbt schon am Stadteingang, das begehrte Zertifikat erhalten zu haben, wie beispielsweise Alassio. Doch erhalten hat das Lob nicht der Strand, sondern der gut ausgestattete Touristenhafen Porto Luca Ferrari (siehe S. 27).

Sommerquallen im Mittelmeer

Die unangenehmen Glibbertiere haben in den letzten Jahren im Mittelmeer deutlich zugenommen. Ein Grund ist die Überfischung, natürliche Feinde wie Thunfisch, Schwertfisch und Schildkröten werden immer weniger. Hinzu kommt, dass durch die Klimaerwärmung das Wasser nun im Winter durchschnittlich nur noch auf 14 statt 13 Grad abkühlt, die Quallen fühlen sich wohler und werden zur Dauerplage, während sie früher nur alle zwölf Jahre vor den Küsten erschienen. Stark befallen ist die Côte d’Azur und damit auch der westliche Bereich der Italienischen Riviera. Eine Berührung verursacht starke Hautverbrennungen. Kinder müssen aufgeklärt werden, dass sie das exotische Strandgut nicht berühren. Auch wenn Quallen tot sind, können sie noch drei bis vier Tage „nesseln“. Wichtig: Niemals mit Handtuch oder Sand über die Verbrennung rubbeln, die Nesselkapseln kommen sonst zur Entladung. Besser ist es, zunächst Essig oder Meerwasser darüberzugießen. Sollte weitere Hilfe durch Rettungsschwimmer, Arzt oder Apotheke nicht gleich möglich sein, so raten die Touristiker, an den gereizten Stellen Rasierschaum aufzutragen und mit einer Kreditkarte abzustreifen. Aktuelle Informationen gibt es unter www.rivierazeitung.com.

Unfreiwillige Rothäute

Jeder Urlauber freut sich über blauen Himmel und strahlende Sonne. Dass jedoch zu viel Sonne schaden kann, ist vor allem Kindern manchmal nicht klar zu machen. Zu viel Sonne produziert schmerzhaften Sonnenbrand, Kopfschmerzen, Übelkeit bis hin zur Bildung von Hautkrebs. Deshalb müssen Kinder – aber auch Erwachsene mit dünnerem Haar – unbedingt eine Kopfbedeckung tragen, ebenso ist ein Nackenschutz wichtig. Auch ein Hemdchen sollten die Kleinen beim Spiel in der Sonne anhaben. Dieser Schutz ist ebenso bei bedecktem Himmel wichtig, denn die UVA- und UVB-Strahlen dringen durch die Wolkenschicht. Außerdem: Wasser reflektiert die UV-Strahlung zu hundert Prozent, die Wirkung kommt an Meer oder Pool also von zwei Seiten, von oben und von unten. Grundsätzlicher ärztlicher Rat: von 11 bis 15 Uhr die Sonne meiden.

Achtung, Moskitos und Tigermücken

Es sind die speziellen Körperdüfte eines Menschen, die weibliche Stechmücken anlocken. Wer anfällig ist, sollte immer und überall Gegenmittel dabei haben. An der Italienischen Riviera kommt es im Sommer gerade in den ligurischen Bergen, vor allem in der Nähe von Olivenplantagen häufig vor, dass Stechmücken lästig werden. Speziell in der Dämmerung und in den Abendstunden kommen sie aus ihren Verstecken und stechen zu. Man kann sich seine individuelle Hautlotion zusammenmischen mit ätherischen Ölen, die es in Apotheken oder Reformhäusern gibt: Anis, Zitrone, Zeder und Minze. Bei industriellen Mitteln empfiehlt die Weltgesundheitsorganisation Anti-Mücken-Mittel mit dem Wirkstoff DEET, der als gesundheitsverträglich gilt. Auf jeden Fall sollten alle, auf deren „süßes Blut“ die weiblichen Biester besonders scharf sind, abends lange Hosen und langärmelige Hemden tragen und die Füße mit Strümpfen bedecken.

Neu ist in ganz Italien und in Südfrankreich das Auftreten der Asiatischen Tigermücke, die z. B. das Dengue-Virus oder Chikungunya-Fieber übertragen kann. Viele Gemeinden kämpfen gegen die Verbreitung dieser Stechmückenart an und fordern die Bevölkerung auf, stehendes Wasser zu vermeiden, z. B. offene Fässer mit Regenwasser oder Blumentopf-Untersätze mit überschüssigem Gießwasser. Das Robert-Koch-Institut empfiehlt empfindlichen Urlaubern, Mückenschutzmittel nicht nur abends, sondern auch tagsüber sorgfältig aufzutragen.

Also Augen auf! Von der gemeinen Stechmücke, auch als Moskito bezeichnet, unterscheidet sich die Asiatische Tigermücke deutlich durch ihre Zeichnung: auffallend weiß gestreifte Hinterbeine und ein weißer Strich auf dem Rücken sowie zwischen den Augen.

Vor allen Dingen von 11 bis 15 Uhr an eine Kopfbedeckung denken!

Essen & Trinken

Gleich vorweg ein Trost für Eltern mit „schlechten Essern“, die auf Schnitzel und Pommes stehen: In den meisten Hotels gibt es am Büfett die üblichen Kindergerichte und natürlich eine größere Auswahl an Pasta. Und beim Vorbeigehen am Erwachsenen-Angebot wagen auch kleine Vitamin-Muffel gerne mal ein kulinarisches Experiment.

Leckere Pizza-Konkurrenz

Wer an der Italienischen Riviera Ausflüge macht, sollte sich aber mit den typischen ligurischen Gerichten anfreunden und damit auch ein Stück ligurische Kultur genießen. Die traditionelle Spezialität ist schon von Weitem zu schnuppern: Focaccia (sprich: fokatscha), ein knuspriges Fladenbrot, das Grund-

Focaccia gratis in Recco

Die Kleinstadt Recco ist wegen ihrer Gastronomie nicht nur in Italien berühmt. Die Erfinder der „Focaccia al Formaggio“ feiern ihr Fladenbrot mit weichem Käse der Region am vierten Sonntag im Mai mit der ***Sagra della Focaccia****. An diesem Tag sind die Bäckermeister der Stadt großzügig und verteilen ihre speziellen Backwaren gratis: von 10-12 Uhr die normale Focaccia und jene mit Zwiebeln, zwischen 16 und 19 Uhr gibt es die Spezialität: Focaccia mit Käse gefüllt. Guten Appetit!*

Typisch für Ligurien: Focaccia und Farinata in allen möglichen Varianten

rezept besteht aus Mehl, Wasser, Salz, Hefe und Olivenöl. Eine Alternative ist die dünnere Farinata. Die Ursprünge der Pizza-Konkurrenz gehen bis zu den Etruskern zurück und wurden von den Römern als „panis focacius“ (von lat. focus=Herd) übernommen. Focaccia gibt es schon zum Frühstück und wird zu jeder Zeit als Zwischenmahlzeit in der panetterie (Bäckerei) oder der focaccerie angeboten. Meistens in schmackhaften Varianten mit Zwiebeln (cipolle), Salbei (salvia) und Oliven. Berühmt und beliebt ist die mit Käse gefüllte Focaccia al formaggio, die echte, als Handelsmarke geschützte kommt aus Recco am Golfo Paradiso (siehe Kasten links).

Der Duft der kleinen Welt

Gehen die Ausflügler an Gärten oder Gewächshäusern der Ligurier vorbei oder schlendern sie durch die Gassen der Städte, schnuppern feine Nasen bald den sanften Duft des Basilikums. Dieses Kraut ist aus der ligurischen Küche nicht wegzudenken, vermischt mit Olivenöl, Pinienkernen, Knoblauch und geriebenem Käse wird es verstampft (it. pestare = stampfen) zur weltberühmten Pesto alla Genovese (siehe Kasten rechts), das zu Pasta serviert wird.

Die Favoriten: Kräuter und Gemüse

Im Allgemeinen ist die Küche der Italienischen Riviera recht einfach, landschaftlich bedingt eine Mischung aus Fisch und landwirtschaftlichen Produkten. Doch ist die Verwendung von Kräutern ein Muss in den Küchen zwischen Lerici und Ventimiglia: Bohnenkraut, Majoran, Melisse, Minze und Salbei sind in allen Gärten und in Töpfen auf den Balkonen oder vor der Haustür zu finden. Auch aromatischer Rosmarin und Thymian, den man sich beim Spaziergang selbst pflücken kann. Auf allen Speisezetteln stehen zahlreiche Gerichte aus Gemüse, vorwiegend mit Artischocken, Auberginen, Zucchini, Paprika, Tomaten, Fenchel und Bohnen (aus Badalucco und Pigna). Was Kinder unbedingt probieren sollten, sind die mit Mangold, Spinat und Borretsch gefüllten

Stampfen mit Mörser und Stößel

Es gibt unzählige Pestorezepte, hier eine einfache, schnelle Version für vier Portionen.
Zutaten: 4 Zehen Knoblauch, 40 g Pinienkerne, 1 Messerspitze Salz, 2 Bund frisches Basilikum, 120 ml Olivenöl, 70 g frischer Parmesan, Pfeffer.
Zubereitung (ca. 15 Min.): Knoblauch schälen, grob hacken, mit den Pinienkernen und Salz im Mörser stampfen. Die Basilikumblätter in Streifen schneiden, ebenfalls mit dem Stößel stampfen, dann 2 EL Olivenöl hinzufügen und alles fein zerreiben. Geriebenen Käse nach und nach einarbeiten und das restliche Öl langsam in die Masse rühren, mit Salz und Pfeffer abschmecken.
Vorsicht: Wird das Pesto in der Küchenmaschine zubereitet, kann es bei längerem Hacken bitter werden.

Tortelli, leckere Teigtaschen aus Blätterteig. Klingt nicht so gut wie sie schmecken! Beim Ausflug in des Hinterland sind Fleischgerichte recht zahlreich, nicht immer nach dem Geschmack der jüngeren Feinschmecker, die meistens beim Coniglio in umido, dem in Weißwein und Olivenöl geschmorten Kaninchen mit Pinienkernen, Rosmarin, schwarzen Oliven und Knoblauch die Nase rümpfen. Ganz gewiss schütteln sie die Köpfe, wenn die Erwachsenen bei den Lumache alla ligure mit der Zunge schnalzen, bei den mit Tomaten und Steinpilzen gekochten Schnecken, beispielsweise aus den Bergen rund um Molini die Tiora (siehe Tour 10).

Fischgerichte, die auch Kinder mögen

Wo das Meer nah ist, haben Fischgerichte natürlich das ganze Jahr über Hochsaison. Der Ligurische Golf ist reich an Wolfsbarschen, Goldbrassen, Makrelen, Hornhechten, Sardinen und Sardellen. Letztere werden acciughe genannt. Die Rezepte mit den kleinen Fischchen sind so zahlreich wie die Köche und Köchinnen der Italienischen Riviera. Ein Beispiel, bei dem ein Junge vom Nachbartisch die Gabel lustvoll zwischen Teller und Zunge wirbeln ließ, ist ein Sardellenauflauf, Acciughe alla Ligure genannt.

Frische Fische werden meistens auf dem Grill oder im Backofen gebraten, ohne Schnickschnack einfach mit Kräutern gewürzt und mit Gemüse serviert. Junge Urlauber, die keinen Fisch mögen, werden sich bestimmt bei der Sagra del Pesce in Camogli umstellen: Am 2. Sonntag im Mai werden 30.000 Portionen frischer Fisch in der weltgrößten Pfanne (3,8 m Durchmesser) in 3.000 Liter Olivenöl gebacken und gratis verteilt. Bei Jubel und Trubel, mittendrin in einer hitzigen Volksfeststimmung, schmeckt der Fisch Jung und Alt.

Typisch italienisch: Süße Erfrischung mit hausgemachtem Gelato

Durstlöscher und Genießersäfte

Gegen den Durst gibt es in Ligurien alles, was Kinder und Erwachsene von zu Hause gewohnt sind, Mineralwasser, Fruchtsäfte, auch frisch gepresst, Cola-Getränke etc. Biertrinker finden fast alle deutschen Marken. Wer gerne experimentiert, sollte nach dem geschmackvollen einheimischen Birra Busalla (seit 1906) Ausschau halten, auf dem Etikett eine feine Dame vor drei mit Bier gefüllten Gläsern. Wer zum Essen Wein bevorzugt, muss für einheimische Sorten tief in den Geldbeutel greifen, Wein aus dem Piemont ist billiger.

Die Qualität des ligurischen Tropfens ist allerdings kaum zu übertreffen. Beispielsweise der berühmte Rossese di Dolceacqua oder der Rosa di Albenga.

KINDERFREUNDLICHE STRÄNDE

Familienspaß am Strand

Die ligurischen Strände sind generell von Anfang/Mitte Juni bis Mitte/Ende September, jeweils von 9-19 Uhr geöffnet. Die Mietpreise für einen Schirm und zwei Liegen betragen rund € 18-30 (Vorsaison/Hauptsaison), für Schirm, Liege, Sessel und Kabine € 40-50. Alle folgenden Strände sind behindertengerecht. Das Hauptkriterium für die Auswahl ist die Auszeichnung Blaue Flagge (siehe Kasten S. 9), ein paar Strände ohne Flagge wurden wegen ihren Besonderheiten aufgenommen. Unsere Aufzählung beginnt im Osten der Region.

Fiumaretta

Am linken Ufer der Mündung des fischreichen, sauberen Flusses **Magra** liegt der Badeort **Fiumaretta di Ameglia**. Sein zwei Kilometer langer, feinsandiger Strand, gelegentlich mit kleinen Kieseln, wurde mit der Blauen Flagge ausgezeichnet (nicht mehr die folgenden etwa drei Kilometer Sandstrand, die zu **Marinella di Sarzana** gehören). Es gibt hier zehn Strandbäder, zwischendurch freie Flächen. Der Einstieg ist sehr sanft, eine Windsurfschule bietet für Anfänger kostenlose Kurse. Mehrere Restaurants mit teils höheren Preisen. Zur Traumbucht **Punta Corvo** (siehe Tour 1, S. 34) fahren im Hochsommer Fähren.

Da hat es ihn umgeworfen – starke Wellen sind hier aber eher selten

Benimm-Regeln an italienischen Stränden

Die kostenpflichtigen Badeanstalten (Bagni) müssen zum Meer einen 5 m breiten Streifen frei halten. Dieser Mindestabstand ist der Platz für spielende Kinder und Strandläufer, er soll auch nicht mit Badetüchern oder privaten Schirmen gestört werden. Auch an den freien Stränden gehört es zum guten Ton, diesen Mindestabstand einzuhalten, die italienischen Badegäste wissen das und richten sich danach. Passen Sie sich an. Ebenfalls zum guten Ton gehört es, den Strand nicht zum Shopping oder Barbesuch in Badekleidung zu verlassen.

Anfahrt: *9 km von Sarzana südöstlich auf der SP 21, dann SP 432 Richtung Carrara/Toskana.*

Lerici

Diagonal gegenüber der Burg, am Ende der Strandpromenade Via Biaggini, liegt **Lericis** schönster Blaue-Flagge-Strand **Venere Azzurra**. Der Sand ist teilweise mit Kies vermischt, der Einstieg ins Wasser sehr flach, also für Nichtschwimmer gut geeignet. Es gibt auch große freie Flächen. Vermietet werden Jetski, Windsurf-Ausrüstung, Banana-Boot und Tretboot. Auch Babysitter stehen bereit, wenn die Erwachsenen mal weiter hinaus schwimmen wollen.

Anfahrt: *in Lerici über die Via Roma und die Via Biaggini, weg vom Zentrum.*

Framura und Deiva Marina

Der Ort **Framura** liegt sieben Kilometer von der Küste entfernt in den Bergen. Sein Badestrand, der zur Gemeinde gehört, ist leichter von **Deiva Marina** aus zu finden. Auf etwa 200 Meter liegen zwei Badeanstalten mit allen Einrichtungen für das Zertifikat der Blauen Flagge, getrennt durch einen größeren, freien Abschnitt. Ihm folgen etwa 300 Meter Strand von Deiva Marina, ebenfalls mit Strandwache, aber ohne Blaue Flagge, weil der Zugang für Behinderte fehlt. Für beide Abschnitte gilt: grober Sand und Kies, etwa drei Meter flacher Einstieg, dann fällt das Ufer steil ab. Eher für Kinder, die schwimmen können geeignet. Tauchmöglichkeiten.

Anfahrt: *für Framura am Ende von Deiva Marina von der Straße nach La Spezia rechts über eine Brücke abbiegen zum Parkplatz.*

Der Badestrand von Framura ist – zu Recht – sehr beliebt

Auch der Strand von Moneglia wurde mit der Blauen Flagge ausgezeichnet

Moneglia

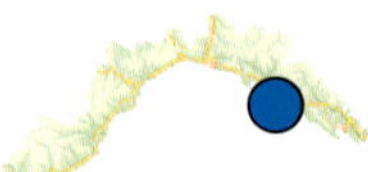

Seit 1990, dem Beginn der Verleihung des Gütesiegels Blaue Flagge, wurde dem Strand von **Moneglia** jedes Jahr diese Auszeichnung verliehen. Die Badeplätze auf einer Länge von 500 und einer Breite von 30 Meter sind ideal für Familien mit kleinen Kindern: Wellenbrecher schützen vor zu starker Bewegung, der Einstieg ist sehr flach, meistens Sand-, teils Kiesstrand, große Flächen sind frei zugänglich. Spielplatz und Kinderbetreuung bietet der Bagni Lido Baby Club (Lungomare Dante Alighieri 3). Direkt hinter dem Strand liegt der gemütliche Ort mit Bars, Restaurants und Lebensmittelgeschäften.

Anfahrt: *an der SP 58 zwischen Deiva Marina und Sestri Levante.*

Für Verpflegung ist hier gesorgt

Aus dem großen Angebot an Bars und Restaurants in Moneglia hier eine kleine Auswahl:

Bagni La Secca

Località la Secca, westliches Ende des Strandes, Tel. +39 0185-492 69, bekannt für seine Pasta und Meeresfrüchte.

Pizzeria il Cioccio

Piazza Tarchioni 15, Tel. +39 0185-492 90, freundlicher Familienbetrieb, die beste Pizza im Ort, sagt man.

Bar il Centrale

Corso Libero Longhi 38, Tel. +39 0185-492 09, prima Eis und gut belegte Panini.

Baia del Silenzio (Sestri Levante)

Auch ohne die Auszeichnung der Blauen Flagge gehört die **Bucht der Stille** zu Liguriens beliebtesten Stränden. Malerisch eingerahmt von Häusern in sanften Pastelltönen wölbt sich die Bucht entlang der Altstadt von **Sestri Levante**. Ein paar Bars und Hotels haben Liegen aufgestellt, sonst ist der gesamte Badeplatz frei. Der helle Sandstrand, teils mit Kies gemischt, geht etwa zwei Meter flach ins Wasser, dann wird es tiefer, also Vorsicht bei Nichtschwimmern. Rundum gibt es zahlreiche Lokale mit Verpflegung und Eis.

Anfahrt: *Sestri Levante liegt südöstlich von Chiavari, im Ort ist die Baia del Silenzio deutlich ausgeschildert.*

Cavi di Lavagna

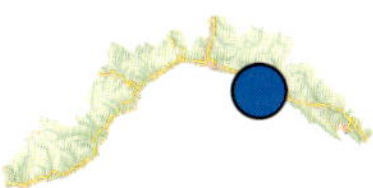

Die Badebuchten von **Lavagna** ziehen sich über vier Kilometer am Meer entlang: vorwiegend Sandstrand, teils mit Kies, leichter Zugang zum Meer, meist schmale Strandstreifen, immer wieder freie Abschnitte, Tauchmöglichkeiten. Der Lärm von der Hauptstraße und der Bahnlinie kann an einigen Stellen auf Dauer stören, was kein Hindernis für die Verleihung der Blauen Flagge war. Am besten Badeorte wählen, die zu Bahn und Straße hin abgeschirmt sind. Z. B. die Badeanstalt Bagni Cigno, (Via del Cigno 1, Tel. +39 0185-39 53 40) mit extra Kinderspielplatz, Kinderpool und mehr.

Anfahrt: *an der Via Aurelia zwischen Sestri Levante und Chiavari.*

Lido di Chiavari

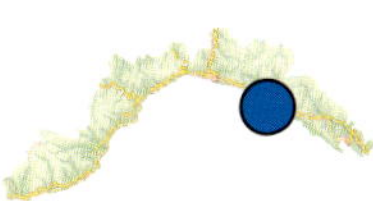

Ein Traumstrand für die Familie! Traditionelle italienische Badeanstalt seit 1938, 100 x 100 Meter Sand mit Kies vermischt, sanfter Einstieg, ausreichend freie Plätze. Kinderpool mit zwei großen Rutschen (unter sechs Jahren nur mit Erwachsenen), Spielplatz, Miniclub, Beachvolley- und Fußball, Tischtennis, Schwimmkurse für Kinder und Erwachsene, Vermietung von Kanus und Tretbooten, Fitnesszone, Selbstbedienungs-Restaurant und Bar. Hier weht die Blaue Flagge zu Recht.

Anfahrt: *an der Via Aurelia, deutliche Hinweise in der Stadt zum Lido.*

Varazze

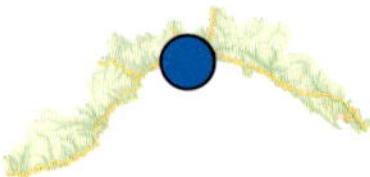

Die Badeanstalten von **Varazze** haben Tradition: Schon 1887 wurde die erste der italienischen Königin Margarethe gewidmet. Heute liegen direkt vor dem malerischen Zentrum vier Strandabschnitte, alle mit der Blauen Flagge ausgezeichnet. Auf etwa 500 Meter liegen sie hintereinander in der Bucht, alle mit hellem Sand und Kies. Wichtig für kleine Kinder: der flache Einstieg. Im Sommer früh aufstehen, um einen guten Platz zu ergattern! Surfer und Segler finden hier die besten Windverhältnisse. Am Hafen von Varazze starten von März bis Oktober Whale-Watching-Touren. Beispielhaft ist die Strandpromenade **Lungomare Europa**, eine fünf Kilometer lange Palmenallee auf einer alten Eisenbahnstrecke. Sie verbindet Varazze mit **Cogoleto**. Eine landschaftliche Traumstrecke für Spaziergänger und Radfahrer.

Die absoluten Feinschmecker-Tipps

Allerlei Süßes vom Konditor und eine riesige Auswahl an Schokolade findet man in Varazze in der ***Pasticceria Canepa****, Piazza Bovani Nello 14. Die Spezialität: Amaretti di San Caterina und Baci di Varazze.*

Die beste Pizza, sagen die Einheimischen, macht ***Il Dandano****, Piazza San Bernardo 9. Auch prima Pasta z. B. Trenette al Pesto Genovese.*

Für das Picknick oder die Ferienwohnung empfiehlt sich der Einkauf im Spezialitätenladen ***La Bottega di Gianni****, Via Gavarone 26. Man hat die Wahl zwischen 25 Salamisorten, ligurischem Käse und Weinen sowie anderen Leckereien.*

Anfahrt: *an der Via Aurelia zwischen Genua und Savona.*

Ein traditionsreicher Badeort: die Gemeinde Varazze

Albisola Superiore und Marina

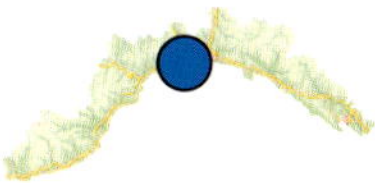

Entpannen weit ab von Verkehrslärm am Strand von Albisola Superiore

Kilometerlang zieht sich die mit der Blauen Flagge ausgezeichnete Strandzone von der Stadt **Albisola Superiore** bis zur Gemeinde **Albissola Marina**. Der Strandabschnitt von Superiore liegt weit ab von der verkehrsreichen Hauptstraße und hat 14 Strandbäder. Das Ufer ist ein Sand-Kiesgemisch, der Einstieg sanft, es gibt Spielplätze, Bootsverleih, Segel- und Tauchschulen. Eine breite Promenade, die **Via Marina**, führt dann am Strand entlang bis nach Albissola Marina. Hier ist der Strand tiefer und der Einstieg geht viele Meter weit sanft ins Meer. In der Nähe des Schwimmbads Lido Spa am Corso Bigliati kommt eine große frei zugängliche Strandzone „Attrezzata“, das heißt, hier kann man Sonnenschirm und Liegen mieten. Hundefreunde loben das Strandbad Bau Bau Village (Corso Bigliati 11), wo die Vierbeiner gut versorgt werden. Wassersportler finden gute Bedingungen für Kitesurfen, Windsurfen, Surfen, Segeln und Paragliden.

Anfahrt: *auf der Via Aurelia von Genua kommend kurz vor Savona am Anfang des Ortes Albisola Superiore links ab bis zum Strand; die Fortsetzung der Aurelia führt nach Albissola Marina.*

Meeresluft macht hungrig

Die Auswahl an Strandrestaurants ist groß. Am Superiore-Strand ist die ***Ultima Spiaggia*** *(Passegiata Eugenio Montale 44, Handy +39 393-330 46 14) zu empfehlen. Hier wird vor allem die Pizza gelobt, Tellergerichte ab € 16. Und vor den Augen der Eltern können die Kinder auf einem überdachten Spielplatz toben.*

In Albissola Marina bekommt das preiswerte Restaurant ***Il Principe e il Pirata*** *(Via Garbariono 4, Tel. +39 019-48 23 12) gute Noten, Menü ab € 11. In der Nähe finden kleine und große Eis-Spezialisten eine leckere Auswahl in der* ***Gelateria Gusfraba*** *(Piazza Sant'Antonio 10 c), auf Wunsch auch glutenfrei, ohne Ei oder ohne Verwendung von Milch.*

Spiaggia delle Fornaci

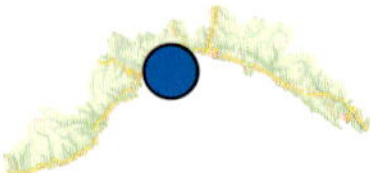

Am Rande der Stadt **Savona**, bei der Festung gleich um die Ecke, liegt der **Fornaci**-Strand: etwa ein Kilometer lang, feiner Sand, flacher Einstieg und neben zehn kostenpflichtigen Strandbädern auch ein großer freier Abschnitt. Kiter und Windsurfer finden hier gute Windverhältnisse und für den sanfteren Ausflug gibt es Tretboote. Der Strand erfüllt alle Bedingungen für die Blaue Flagge. Im Juli und August gibt es einen kostenlosen Shuttle ab Piazza del Popolo (tgl. ab 8 Uhr).

Anfahrt: *mit dem Auto etwas kompliziert, unzureichend ausgeschildert, von der Burg aus in zehn Minuten zu Fuß erreichbar, Shuttle s. o.*

Celle Ligure

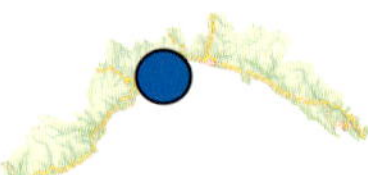

Die Stadt ist zweigeteilt, im Osten liegt der moderne Teil (Levante), im Westen die historische Altstadt (Ponente) und die bunten Häuser der Fischer. Beide Stadtteile haben einen etwa 500 Meter langen, 30 Meter breiten Strand mit feinem Sand und sanftem Einstieg ins Meer. Beide wurden mit der Blauen Flagge ausgezeichent. Eine hübsche Uferpromenade verbindet die Strände miteinander.

Anfahrt: *an der Via Aurelia, 8 km nordöstlich von Savona.*

Flanieren mit Aussicht aufs Meer in Celle Ligure

Bergeggi

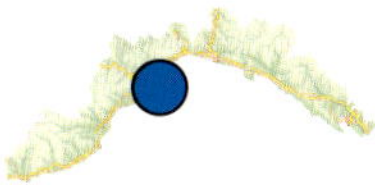

Ein romantischer Flecken mit herrlichem Blick bis Savona ist der etwa 800 Meter lange, bis zu 60 Meter breite **Bergeggi**-Strand mit hellem Sand und flachem Einstieg ins Meer. Eingerahmt von gepflegten Strandbädern (alle mit Blauer Flagge), gibt es einen großen frei zugänglichen Strandabschnitt. Die Tester der Umweltschutzorganisation Legambiente vergaben für die Strand-Qualität vier von fünf Segeln.

Anfahrt: *von Savona 10 km in Richtung Finale Ligure, direkt unterhalb der Via Aurelia.*

Bergeggi, ein Paradies für Sonnenanbeter und kleine Wasserfrösche

Spotorno

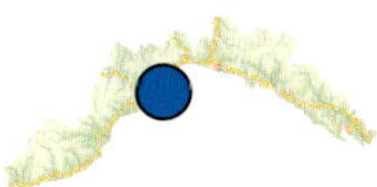

Malerisch in einer Bucht zwischen der Punta de Maiolo und der Punta Vescovado liegt **Spotorno** mit seinem zwei Kilometer langen (bis 30 m breit) Sandstrand, teils versetzt mit Kieseln. Frei zugängliche Strände mit Duschen gibt es am Anfang und am Ende der Badebucht. Wassersport wird hier groß geschrieben: Wasserski, Windsurfing, Tauchen und Segeln. Von den gepflegten Badeplätzen hat Bagni Liliana (Via Aurelia 47) einen Kinderspielplatz.

Anfahrt: *südlich von Savona, 12 km vor Finale Ligure an der Via Aurelia.*

Blaue Flagge für ligurische Sporthäfen

Für gute Einrichtung und Versorgung der Freizeitboote wurden von der unabhängigen, in Kopenhagen ansässigen Organisation F.E.E. (Foundation for Environmental Education) folgende Sporthäfen mit der Blauen Europa-Flagge ausgezeichnet: Portosole, San Remo; Marina degli Aregai, Santo Stefano al Mare; Marina di San Lorenzo; Marina di Andora; Hafen Luca Ferrari, Alassio; Marina di Loano; Vecchia Darsena, Savona; Cala Cravieu, Celle Ligure; Marina di Varazze; Porto Turistico Carlo Riva, Rapallo; Marina di Chiavari; Marina di Porto Venere; Porto Bocca di Magra, Ameglia; Porto Lotti und Porto Mirabello, beide La Spezia.

Ein mit Fischerbooten dekorierter und auch noch frei zugänglicher Strand in Noli

Spiaggia di Noli

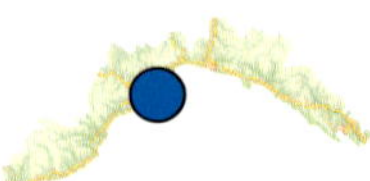

Hier finden Urlauber mehrere schmale Strandabschnitte auf etwa einen Kilometer verteilt. Der Sand ist sehr grob und mit Kieselsteinen durchsetzt. Ein schnell abfallender Einstieg, also Vorsicht mit Kindern, die noch nicht schwimmen können. Alle Einrichtungen für das Zertifikat der Blauen Flagge sind vorhanden. Die Restaurants sind teurer – Alternative: Picknick am stimmungsvollen, großen frei zugänglichen Strand mit Fischerbooten. Strandbad Bagni Florida (Strada Provinciale 54) mit Spielplatz. Lohnend ist ein Spaziergang über die schattige Palmenpromenade und in die mittelalterliche Altstadt.

Einkauf für das Picknick

Allein der Bummel durch Nolis Gassen und Arkaden macht Spaß, auch der Einkauf bei ein paar guten Adressen.

Tipps:

***Maglio Luciano E Simonetta Il Verduriere**, Via Colombo 16, große Auswahl an Obst und Gemüse.*

***La Crepe**, Via Colombo 61, Mi geschl., Konditorei, Panini, Gebäck aller Art, auch leckere, süße Bacci di Noli.*

***Gelateria Pappus-Demicheli**, Via Colombo 12, gutes Speiseeis, große Auswahl.*

***Anfahrt:** 9 km vor Finale Ligure an der Via Aurelia.*

Finale Ligure

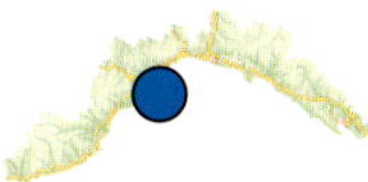

Der gepflegte Sandstrand von **Finale Ligure** ist vor allem bei Urlaubern aus Deutschland und der Schweiz sehr beliebt. Er ist wohl der schönste Badestrand der Italienischen Riviera. Nicht umsonst haben alle Abschnitte der Gemeinde seit Jahren die Blaue Flagge hissen dürfen: angefangen von der Baia dei Saraceni in Varigotti mit der farbenfrohen Häuserparade und dem Abschnitt Pinalpia über den Hauptort Finale Ligure bis Finalmarina, insgesamt eine Strandstrecke von rund sechs Kilometern, durchweg bis zu 50 Meter breit, Tauchmöglichkeiten. Der Sand ist grobkörnig, der Einstieg mit Kieseln belegt und nur kurz flach, dann wird es schnell tiefer, auffallend vor allem in Varigotti. Also kleine Nichtschwimmer beim Bad an die Hand oder auf den Arm nehmen. Fast überall gibt es Spielplätze und Kletterburgen. Strandrestaurants sind zahlreich, es ist allerdings ratsam, vor dem Hinsetzen einen Blick auf die Preise zu werfen. Kostenfrei zugängliche Strände sind über das ganze Gebiet verstreut. Empfehlenswert für Familien mit Kindern ist der flach abfallende Strand Malpasso, Richtung Noli gleich nach dem ersten Tunnel hinter Varigotti. Ein weiterer großer flacher Sandstrand liegt direkt neben dem Sporthafen von Finale Ligure.

Anfahrt: *alle Strände entlang der Via Aurelia.*

Familienfreundliche Bagni

Unter den vielen familienfreundlichen Badeanstalten fällt in Finale Ligure ***Bagni Garibaldi*** *(Lungomare Migliorini, Tel. +39 019-69 52 40, www.bagnigaribaldi.com) besonders positiv auf. Das ganze Jahr über bietet das Bad Spielplatz, Kinderstühle, Wickelkommoden, Tischtennis, Tischfußball und Videospiele. Das kleine Restaurant hat sogar ein Kindermenü auf der Karte und für Badegäste stellen die zuvorkommenden Geschwister Rebonato ein freies Picknick-Areal zur Verfügung. Auch für schattige Parkplätze, 300 Meter entfernt, ist gesorgt. Manche Kinder mögen kein Salzwasser, für sie hat das* ***Ondina*** *(Lungomare Italia 2, Tel. +39 019-60 08 15, ganzjährig geöffnet) einen Süßwasser-Pool neben der Promenade gefüllt. Geöffnet für Kinder von 10-12.30 und 15-18, für Erwachsene von 12.30-18 Uhr.*

Mittags freut man sich über ein wenig Schatten unterm Sonnenschirm

Loano

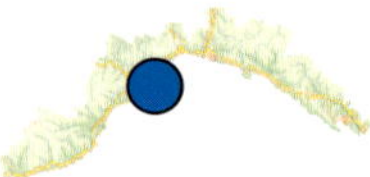

Über mehr als einen Kilometer liegen die Badebuchten **Loanos** nebeneinander unterhalb einer schattigen Palmenpromenade. Der mit Kies vermischte Sandstrand ist schmal und schnell steil abfallend, also Vorsicht mit Nichtschwimmern. Dafür haben aber manche Strandbäder extra Einrichtungen für Kinder geschaffen. Beispiele: Bagni Miramare (Lungomare Garassini 1, www.bagnimiramare.it), Spielplatz mit Rutschen, Schaukeln und Häuschen, zweimal wöchentlich Babyclub, Babysitter; Bagni Virginia (Lungomare Garassini, www.playbeach.tv), Spielplatz, Kinderbecken, Kinderanimation, Kanuverleih und SUP (Stand-up-Paddling). Varesina Beach (Lungomare Nazario Sauro 9, www.gardenlido.com), Pool am Strand, Beachsoccer, Kanuverleih, Tischtennis, Tischfußball, Spielplätze von 0-6 und 6-12 Jahre.

Anfahrt: *an der Via Aurelia zwischen Finale Ligure und Albenga.*

San Lorenzo al Mare

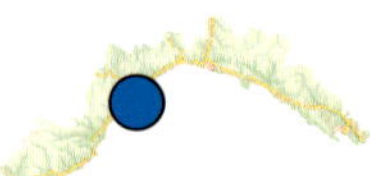

Hier beginnt die „Passegiata al Mare", der 24 Kilometer lange Rad- und Wanderweg (siehe Tour 9). Der etwa 500 Meter lange bis zu 60 Meter breite Strand mit Sand und Kies ist noch wenig bekannt und deshalb etwas weniger belebt. Die Blaue Flagge wurde neu vergeben, ein Plus für Familien mit Kindern, die auch den sehr langsam ins Wasser abfallenden Strand schätzen. Es gibt Gelegenheit zum Tauchen, Beachvolleyballspielen und Tretbootfahren. Kinderspielplätze bieten die Strandbäder Bagni U Nustrumu (Via al Mare 3) und Spiaggia Prima Punta (Via al Mare 5). Entlang der oben erwähnten Piste bis Santo Stefano al Mare gibt es immer wieder kostenfrei zugängliche Strände mit Sand oder Klippen, einer davon, recht steinig, ist auch für Hunde zugelassen.

Groß und Klein entspannen am Strand von San Lorenzo al Mare

Anfahrt: *an der Via Aurelia, etwa 6 km südwestlich von Imperia.*

Jede Menge Baumaterial für die nächste Sandburg!

Alassio

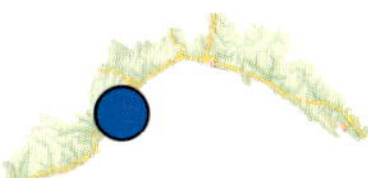

Einer der schönsten Sandstrände an der Blumenriviera ist der von **Alassio**, mit hellem, feinem Sand. Er ist drei Kilometer lang, unterschiedlich breit, zwischendurch nur zehn Meter. Der Einstieg ist sehr flach, manchmal kann man sogar noch nach 50 Metern stehen. Taucher und Segler finden hier ihr Revier. Obwohl der Strand gut gepflegt ist und alle 80 Meter eine Strandwache sitzt, erhielt Alassio keine Blaue Flagge. Der Grund: Das Abwasser wird ins Meer geleitet, zwar weit hinaus, das genügt aber den Strandtestern nicht. Die dennoch oft erwähnte Blaue Flagge bezieht sich hier auf den Touristenhafen Porto Luca Ferrari.
Viele Bäder veranstalten Strandpartys, manche mit Mitternachtsbad. Die gepflegte Promenade mit Radweg geht bis zum Badeort Laigueglia (3,5 km).

Anfahrt: *direkt an der Via Aurelia zwischen Finale Ligure und Imperia.*

Die beste Pizza und andere Tipps

Anwohner empfehlen die folgenden Pizzerien:
Pizzeria La Lanterna*, Via Milano 19, Tel. +39 0182-64 48 97, direkt am Meer.*
Pizzeria Italia*, Passeggiata Enrico Toti 19, Tel. +39 0182-64 85 19, es serviert Gianino, der singende Koch.*
Ferro e Fuoco*, Via Leonardo da Vinci 201, Tel. +39 0182-64 81 22, auch Pasta, Spezialität Spaghetti alla scoglio (Muscheln).*
Für den kleinen Hunger:
Pasticceria Riviera*, Via Brennero 5, Tel. +39 0182-64 06 73, süße Leckereien.*
Bar Spotti*, Vicolo Grassi 1, bekannt für kreative Cocktails und gut belegte Panini, direkt am Meer.*
Bekannt für Fischgerichte:
Trattoria I Matetti*, Viale Daniele Hanbury 132, Tel. +39 0182-64 66 80, gute Pasta.*

Bordighera

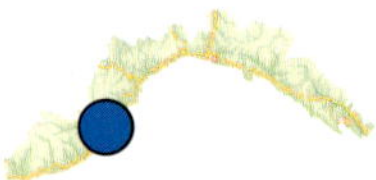

Der mit der Blauen Flagge ausgezeichnete Steinstrand von **Bordighera** zieht sich drei Kilometer am Meer entlang und ist unterschiedlich breit. Er liegt neben einer schönen Promenade (der Abschnitt Lungomare Argentina, wurde damals von der argentinischen First Lady Evita Péron eingeweiht). Der Einstieg ist unterschiedlich, man muss sich mit kleinen Kindern die flach ins Meer abfallenden Stellen suchen. Die kostenfrei zugänglichen Abschnitte sind sehr groß, man kann tauchen, surfen, Wasserski und Tretboot fahren. Der Grecale Beach Club (Via Guglielmo Marconi 14) verfügt über einen Spielplatz.

Anfahrt: *auf der Via Aurelia von San Remo kommend in die Via Arziglia und dort Richtung Meer zum Lungomare Argentina.*

Clown und Zauberer am Strand von San Remo

Im Juli und August versammeln sich Familien an ***San Remos*** *Stränden (siehe Tour 9), denn dann lässt der* ***Village Circus Summer Dance*** *die Puppen tanzen! Mit viel Abwechslung, mit Clownerien und Zauberei werden die Kinder unterhalten, und alle Jahrgänge machen mit bei Wassergymnastik, Aerobic und Gruppentanz. Besonders toll: Der* ***Lido Imperatrice*** *am Rande der City (Corso Imperatrice 39, Tel. +39 0184-53 24 18, www.lidoimperatrice.it). Nur dieses Strandbad hat in San Remo die Blaue Flagge bekommen. Der Strand ist 200 Meter lang, 15 bis 20 Meter breit, ruhig gelegen, feinsandig und mit flachem Einstieg ins Meer. Außerdem gibt es einen Spielplatz und Tretboote!*

Camporosso

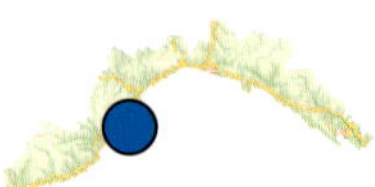

Zwei Kilometer unterhalb des Ortes **Camporosso** liegt der 300 Meter lange Strand, direkt neben der Mündung des Nervia-Flusses (siehe Tour 10). Bereits seit 2001 wurde ihm durchgängig die Blaue Flagge verliehen. Der Strand ist ein Gemisch aus Sand und groben Kieseln, der Einstieg geht bis zu drei Meter flach ins Meer, dann wird es in Stufen tiefer. Ein Teil ist frei zugänglich, es gibt Tauchmöglichkeiten und die Gegend ist auch für Kitesurfer ideal. Die Lage ist ruhig, weit weg von Straße und Eisenbahn. Günstige Strandbars.

Anfahrt: *an der Via Aurelia hinter Bordighera, kurz vor Ventimiglia links ab Richtung Meer.*

ZEHN TOUREN, DIE ALLEN SPASS MACHEN

Tour 1 – Von Dino-Burgen zu traumhaften Stränden

La Spezia • Lerici • Montemarcello mit Botanischem Garten • Bocca di Magra • Fiumaretta (Strand)

Wo: im äußersten Südostzipfel Liguriens – Wie: mit dem Auto, teils Fußmarsch – Dauer: mit Badeaufenthalt Tagesausflug oder je nach historischen Interessen auf zwei halbe Tage verteilen – Nicht vergessen: Badezeug, Sportschuhe, Sonnenschutz, Pflanzen-Bestimmungsbuch, Wasser

Dieser Ausflug ist sehr abwechslungsreich und führt rund um den **Golf der Poeten** (siehe Kasten) nach La Spezia und Lerici, beides Orte mit interessanten Burgen und Museen. Dann geht es hoch zum Regionalpark Montemarcello Magra, reich an mediterraner Botanik. Auf der anderen Seite der Halbinsel führt die Tour abwärts zum fischreichen, sauberen Magra-Fluss, an dessen östlicher Seite ein feinsandiger, gepflegter, Strand Erfrischung bietet.

Hier wurde das Funken erfunden

Am oberen Ende des Golfes, durch einen 2,2 Kilometer langen Damm geschützt, liegt einer der wichtigsten Marinestützpunkte Italiens, Liguriens zweitgrößte Stadt **La Spezia** [Tourismusbüro, Viale Mazzini 47, 19121 La Spezia, Tel. +39 0187-25 43 11, www.aptcinqueterre.sp.it]. Zwei Öffnungen im vor Feinden und Sturmfluten schüt-

Die Poeten am Golf

*Seit Jahrhunderten zieht der **Golfo della Spezia** Liebhaber romantischer Landschaften magisch an. Darunter auch viele Schriftsteller und Dichter, weshalb die Meerenge den Beinamen **Golfo dei Poeti** bekam. Die Namen der Berühmtheiten reichen vom italienischen Dichter Dante über die romantischen britischen Schriftsteller Mary und Percy Shelley bis zu Lord Byron und manchen modernen Zeitgenossen. Die Legenden ranken sich vor allem um die beiden Letztgenannten. Richtig ist, dass Percy Shelley (1792-1822) bei einer Segeltour an der Küste bei La Spezia in einen Sturm geriet und ertrank, er konnte nicht schwimmen. Ein guter Schwimmer hingegen sei Lord Byron gewesen, er sei dennoch bei Durchquerung des Golfs erschöpft ertrunken.*
Wahr ist: Bei seiner Unterstützung der griechischen Freiheitskämpfer hat er sich 1824 erkältet und ist an Lungenentzündung gestorben.

Hunger stillen, Geldbeutel schonen

Die meisten Restaurants am Golf sind Fischtrattorien mit recht hohen Preisen. Doch es gibt Ausnahmen:
***La Pia**, Via Magenta 2, 19121 La Spezia, Tel. +39 0187-73 99 99, So geschl. Hier werden Pizza und Farinata frisch gebacken, Preise nach Gewicht.*
***Marechiaro**, Via Persio 75, 19121 La Spezia, Tel. +39 0187-73 46 19. Beliebt wegen fantasiereicher Pizza, z. B. Pizza-Menü mit Meeresfrüchten nach Wahl, Getränk, Dessert, Kaffee oder Wasser € 15.*

zenden Damm dienen dem Passieren der Schiffe, u. a. Fähren nach Sardinien und Korsika. Wo die Marine ihren Sitz hat, sucht man nicht vergebens nach einem Schifffahrtsmuseum – **Museo Tecnico Navale** [Via Giovanni Amendola 1, 19122 La Spezia, Tel. +39 0187-78 30 16, www.laspezia.net. Tgl. 8-19.30 Uhr. Ab 11 J. € 3]. Auch Kinder interessieren sich für die Schifffahrt, müssen sich in diesem Museum aber mit vergangenen Seeschlachten auseinandersetzen. Doch auch über eine bis heute friedlich genutzte Erfindung wird hier informiert: Über die Funk-Experimente von Guglielmo Marconi, dem es 1867 gelang, mit dem zehn Seemeilen entfernten Schiff San Martino per Funk Kontakt aufzunehmen. Immerhin ein Fortschritt, um Menschenleben auf hoher See zu retten.

Geheimnisvolle Figuren mit Brust und Schwert

Ein Bollwerk gegen die Seerepublik Pisa war die hoch über der Stadt trutzende Festungsanlage San Giorgio. Heute dient die Bastion als **Museo Civico Archeologico U. Formentini** [Via Curtatone 9, Tel.+39 0187-751142] der friedlichen Unterrichtung über vergangene Zeiten, über die Entwicklung Liguriens und seiner Umgebung seit der Jungsteinzeit. Besonders geheimnisvoll sind dort die Blicke der berühmten Steinfiguren, Stelen aus der Lunigiana (siehe Kasten S. 90). Eine Erleichterung für alle: Hoch zum Museum fahren übrigens auch zwei Aufzüge (hinter der Via dell'Indipendenza, Nähe Piazzetta San Bernardino/Via del Poggio).

Kunstgenuss für alle Altersklassen

Auf Kunstfreunde wartet in der Marinestadt in einem ehemaligen Kloster eine umfangreiche Sammlung von Gemälden, Bronzen, Miniaturen etc. im **Museo Civi-**

Da könnte man selbst zum Dichter werden: Blick auf den Golfo dei Poeti

co Amedeo Lia [Via del Prione 234, 19121 La Spezia, Tel. +39 0187-73 11 00, www.laspezia.net. Di-So 10-18 Uhr. Erw. € 7, Kinder (6-13 J.) € 3.50, (14-18 J.)€ 4.50]. Der Gang durch die ehemaligen Klosterräume ist auch für die jüngeren Besucher unterhaltsam, können sie doch auswählen zwischen zierlichen Arbeiten aus Elfenbein (von Elfen?), Bronze (sucht den aus Deutschland stammenden Kerzenständer in Form eines Hirschen), Bergkristall und Terrakotta. Unter den Gemälden findet in Saal IV bestimmt die „Verkündigung" von Paolo di Giovanni Fei (1345-1411) Anklang und Grund zu Fragen an die Erwachsenen. Die Fantasie der Künstler kann im Saal XIII bewundert werden, wo zahlreiche Stillleben ausgestellt sind. „Natura morte" sagen die Italiener dazu, tote Natur. Gesprächsstoff bietet sicher auch der Tulpenstrauß von Andrea Belvedere (ca. 1652-1732), eine Allegorie der vorübergehenden Zeit. Zum Abschluss, weil bestimmt alle vorbeigerannt sind, noch ein Blick in Saal 1 auf die wunderschöne Holzskulptur „Muttergottes mit Kind", das Werk eines unbekannten umbrischen Bildhauers aus dem 13. Jahrhundert.

Besuch bei den Römern

Auf dem Weg von La Spezia nach Carrara liegt die sehenswerte Ausgrabungsstätte Luni, 117 v. Chr. von den Römern gegründet. Gut erhalten sind Capitol, Tempel der Mondgöttin Luna, Mosaikböden und Fresken, Theater und außerhalb der Mauern das Amphitheater. Im ***Museo Archeologico Nazionale*** *begeistern die vielen Skulpturen aus Marmor und Bronze.*

Via Luni 37, 19034 Ortonovo La Spezia, Tel. +39 0187-668 11, Di-So 8.30-18.30 Uhr, im Winter etwas kürzer. Erw. € 2, unter 18 und über 65 Jahren frei.

Ein wunderbarer Ausblick auf die Stadt Lerici und ihre Burg

Dinosaurier und Höhlenbären in Lerici

Nur zehn Kilometer sind es von La Spezia zum bildhaft schön am Golf der Poeten liegenden **Lerici** [Informazioni Turistiche, Via Biaggini 6, loc. Venere

Azzurra, 19032 Lerici, Tel. +39 0187-96 91 64, www.comune.lerici.sp.it]. Doch im Sommer, in der Hauptreisezeit, parken die Fahrzeuge schon weit vor der Stadt. Es ist in dieser Zeit ratsam, mit dem Bus oder der Fähre ab La Spezia anzureisen. Nach einem Bummel entlang der Küstenstraße zieht die Besucher, vor allem die Kids, die hoch über der Stadt liegende Burg magisch an. Erst recht, wenn sie erfahren, dass im **Museo Geopaleontologico** (siehe S. 91) historisches Spielzeug, Höhlenbären und Saurier ausgestellt sind. Doch wer auf die Burg zurennt ohne zu überlegen, steht vor einer Treppe mit mehr als 300 Stufen. Leichter zu erklimmen ist die steile Gasse Salita Revellino hinter der Piazza Mottino. Auf einer der Bastionen tummeln sich Plastik-Dinosaurier in allen Farben – und sie dürfen angefasst werden. Dann aber ganz nach oben zur Festung und die tolle Aussicht genießen.

Erfrischung zwischendurch

In Lerici müssen Eisschlecker Schlange stehen für das beste Eis (zwei Sorten € 2) in der ***Gelateria Papavera*** *(Calata Mazzini 6). Auch Früchtebecher und Crêpes. In Montemarcello (siehe S. 34) bietet das Gartenrestaurant* ***Bar il Giardino*** *(Via Nuova 33) preiswerte Getränke, auch Eis am Stil. Wer in Sarzana (siehe S. 34)einen Stopp einlegt, kann sich im* ***Caffé del Teatro*** *(Piazza Garibaldi 28, Mo geschl.) mit ligurischen Gerichten verwöhnen lassen.*

Hinauf ins erfrischende Grün

Nach so viel Stadt und so vielen Burgen und Museen wird es Zeit, wieder in die grüne Landschaft zurückzukehren. Also schnell auf die Landstraße SP 28 und hinein in den frischen, bewaldeten **Regionalpark Montemarcello-Magra**. Beim Hochfahren bieten sich immer wieder einmalige Ausblicke auf Lerici und die stolze Burg. (Vorsicht Fotografen, es gibt nur wenige Parkbuchten und die Straße ist eng.) Ein Stück vor dem Städtchen Montemarcello aufpassen, nach links geht es zum Monte Murlo (365 m), ein Wegweiser zeigt zum **Botanischen Garten von Montemarcello** [Monte Murlo, Gemeinde Ameglia, Tel. +39 0178-62 61 72, www.parcomagra.it. Mai/Juni Sa/So 16-19, Juli/Aug Fr-So 17-20, Sept So 15-18, Okt So 9.30-12.30 Uhr. Erw. € 5, Kinder (6-12 J.) € 3]. Das Areal ist hoch gelegen und man kann den Blick schweifen lassen bis zu den Apuanischen Alpen und auf die Mündung des Magra-Flusses. Im Garten wird in fünf Abschnitten die Mittelmeer-Botanik vorgestellt: Garrigue, mediterrane Macchia, Pinien und Aleppokiefern, Eichenwald und Pflanzen der Volkstradition. Für Kinder wird es besonders spannend, wenn Tintenfisch Oskar mit illustrierten Tafeln auf den „Weg der Sinne“ (Il cammino dei sensi) führt. Wer Blumen sucht wird reich belohnt (siehe Kasten S. 34). Wegen der eingeschränkten Öffnungszeiten kann die Erkundung des Botanischen Gartens vielleicht auch als ein Extra-Ausflug eingeplant werden.

Ein wenig versteckt gelegen und deshalb ruhig: der Strand Punta Corvo

Zum romantischen Badestrand

Eine alte Römergründung (Konsul Claudio Marcello) mit den charakteristischen engen Gassen ist **Montemarcello** [IAT, Via Nuova 48, 19031 Montemarcello, Tel. +39 0187-67 09 10, www.parcomagra.it]. Hier parken Fans des romantischen, einsam liegenden Sandstrandes **Punta Corvo**. Gegenüber der Bar Il Giardino (Via Nuova 33) führt ein Backsteinweg in Richtung Strand: den zweiten Weg nach rechts, rot-weiße Wanderzeichen, 700 Stufen abwärts, Dauer 30-40 Minuten. Wer keine Lust oder Zeit hat, sollte sich wenigstens den prächtigen Blick auf den Punta Corvo gönnen: oben beschriebenen Backsteinweg geradeaus bis zum Ende und dann staunen.

Weiter geht die Reise, abwärts ins immer wieder zwischen den Bäumen sichtbare Magra-Tal. Nach dem Hinweis „Punta Bianca", ebenfalls ein romantischer Badeplatz, langsam fahren, denn zum Fischerort **Bocca di Magra** geht es scharf nach rechts ab. Meistens ist der Urlaubsort sehr voll, und die Preise der Restaurants sind relativ hoch. Aber es gibt hier die Möglichkeit, mit dem Boot versteckte Strände zu erreichen, beispielsweise die Punta Corvo (allerdings nur im Juli und August). Gegenüber befindet sich an den Ufern des Flusses Magra der Traumstrand **Fiumaretta** (siehe S. 16). Für Personen gibt es eine kostenlose Überfahrt mit der Fähre. Wer mit dem Auto rüber will, muss nach Norden bis Sarzana fahren und dann südwärts bis zum erfrischenden Bad.

Die Flora im Regionalpark

Wer mit offenen Augen durch den Botanischen Garten von Montemarcello streift, findet dort die niedliche Zwergiris, weiß-gelbe Bukett-Narzissen, zahlreiche Orchideen-Arten und braune Rohrkolben, die als Blüte einen ballgroßen Wattebausch bilden. Außerdem den Ästigen Igelkolben, der seinen Namen seinen stacheligen runden Blüten verdankt, das Ährige Tausendblatt in feuchten Zonen, am Waldesrand und in der Macchia den Mastixstrauch, dessen Harz als Kitt oder Klebemittel zum Befestigen von Theaterbärten Verwendung findet. Auch entdeckt werden können hier wilder Knoblauch, weiß blühende Myrte, duftende Feigenbäume, der Westliche Erdbeerbaum, dessen Früchte essbar sind, und der Immergrüne Kreuzdorn, der komischerweise keine Dornen hat, aber nicht genießbare rote Beeren.

Tour 2 – Vorbei an wilden Küsten und steilen Schluchten

Genua • Nervi • Camogli • San Fruttuoso • Sestri Levante • Moneglia • Deiva Marina • Cinque Terre • Portovenere

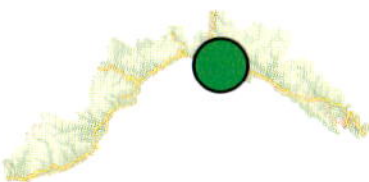

Wo: Küste zwischen Genua und Portovenere – Wie: mit dem Ausflugsschiff – Dauer: Tagestour von 8.30-ca. 17 Uhr – Nicht vergessen: Sonnenschutz, Kamera, Fernglas, Badesachen

In Genuas **Porto Antico** steht schon das Boot. Die Kinder stürmen natürlich zuerst das Deck und die Eltern suchen Schattenplätze, denn mehrere Stunden auf See in der Sonne sind nicht gesund. Schlaue Ausflügler wählen die linken Sitzplätze in Fahrtrichtung mit freiem Blick auf die Küste. Diese zieht sich zwischen Genua und Portovenere etwa 80 Kilometer entlang. Am Zielort, dem pittoresken Portovenere, haben die Passagiere drei Stunden Zeit, um vor der Rückreise die Sehenswürdigkeiten der Stadt zu besuchen und in einer Trattoria einzukehren.

Wir beginnen unseren Ausflug morgens mit einem Boot der „Linea azzurra“. Es steht am Kai des Porto Antico, gleich hinter dem weithin sichtbaren „Bigo“, dem Panoramalift. Pünktlichkeit ist anzuraten, der Kapitän wartet nicht auf schläfrige Spätaufsteher. Leinen los, der Schiffsmotor brummt laut. Langsam verlässt die „MN Paradiso“ den gigantischen Hafen, vorbei an Kreuzfahrtschiffen, Tankern und edlen Jachten. Je weiter wir uns entfernen, desto beeindruckender werden Hafen und Stadt entlang des Corso Italia. Bald

Eine Seefahrt, die ist lustig – und es gibt so viel zu entdecken

hat man einen Überblick auf die 20 Kilometer lange Verteidigungslinie in den Bergen, die **Mura Nuove** (1626-1639) mit ursprünglich 15, heute noch 13 erhaltenen Festungen.

Pastellfarbene Häuser und blinde Fenster

Der Blick schweift von den Festungen wieder abwärts auf die Küste. Stopp im kleinen Hafen von **Nervi**. Östlich davon ist die malerische Uferpromenade Passegiata Anita Garibaldi auszumachen, dahinter reizen die Parkanlagen zu einem späteren Besuch, eine grüne Oase, in der die Kinder toben können und Eichhörnchen von Baum zu Baum hüpfen.

Vor der Abfahrt zu lesen

Das Schiff der Linea azzurra steht im Porto Antico hinter dem Panoramalift. Abfahrt: Juli bis Anfang September Dienstag 9 Uhr, Ankunft Portovenere 12 Uhr, 3 Stunden Aufenthalt. Ticket hin und zurück € 35, Kinder von 6-12 J. € 20. Touren auch nach San Fruttuoso/Portofino und in die Cinque Terre (Monterosso/Vernazza); ***Whale Watching*** *von April-Okt, Dauer 4 Stunden, Erw. € 33, Kinder (von 5-14 J.) € 18. Auskunft und Buchung: Tel. +39 0185-77 20 91, info@golfoparadiso.it, www.golfoparadiso.it, Trasporti Marittimi Turistici Golfo Paradiso, Via Scalo 2, 16032 Camogli.*

Der Ferien- und Badeort **Bogliasco** mit seinen Kies- und Felsstränden huscht vorbei, **Sori** mit seinen pastellfarbenen Häusern und der Kirche hinter dem Strand, dann **Recco**, berühmt durch die leckere Focaccia al Formaggio. Schließlich fährt das Schiff nach anderthalb Stunden behutsam in den Hafen von **Camogli** ein, umgeben von acht Stockwerken hohen, pastellfarbenen Häusern, die im Spiegel des Wassers einen wahren Tanz bunter Kleckse aufführen. Wer die Casa delle mogli (Haus der Ehefrauen) noch nicht besucht hat, wird spätestens jetzt einen Spaziergang durch die Gassen des Ortes einplanen, Ausschau halten nach den blinden Fenstern (auf die Hausfront gemalte Scheiben und Läden) und eine Rast am Strand genießen.

Vorbei am Golfo del Tigullio

Am Uferstreifen fallen die Stützmauern für die kurvenreiche Küstenstraße auf, unerwartet springt nach einem Bergvorsprung die zwischen bewaldete Felswände eingeklemmte **Abtei San Fruttuoso** ins Blickfeld, die nur mit dem Boot oder zu Fuß erreichbar ist (siehe Tour 4). Für einen Schiffs-Stopp in **Portofino** muss ab Genua die Linea verde (www.golfoparadiso.it) gebucht werden. Mit unserem Schiff geht es hingegen in gerader Linie am **Golfo del Tigullio** vorbei. Damit sind manch schöne Ferienorte nur aus der Ferne zu sehen, so der attraktive Badeort **Santa Margherita Ligure** (siehe Tour 4) sowie die mit der Blauen Flagge ausgezeichneten Strände von Chiavari, Moneglia bei Sestri Levante (siehe S. 18) und Framura bei Deiva Marina (siehe S. 17).

Ich sehe etwas, was du nicht kennst

Falls kleineren Kindern die Bootsfahrt ein wenig lang werden sollte, sorgt ein Spiel für Unterhaltung. Der erste Spieler sucht auf dem Schiff einen Gegenstand aus, z. B. den Rettungsring, die Schiffsglocke usw. Den gewählten Gegenstand soll er dann beschreiben, ohne auf ihn zu zeigen oder das Wort zu benutzen. Wer den Begriff zuerst errät, darf als nächster einen Gegenstand auswählen und schildern.

Die Cinque Terre kritisch gesehen

Doch bietet die Küstenlandschaft ausreichend Abwechslung: Auf dem Kamm des Gebirges tänzeln frisch gepflanzte Bäumchen rauf und runter, unten zeigen bunkerartige Bauten den Beginn einer langen (Eisenbahn-)Tunnelstrecke durch bizarre Berge an. Und dann folgt das zerfurchte, viel besungene, zwölf Kilometer lange Landschaftsbild der **Cinque Terre**, der fünf malerischen Orte, die nur mit der Eisenbahn direkt miteinander verbunden sind: Monterosso, Vernazza, Corniglia, Manarola und Riomaggiore. Der Besuch dieser Küstenstädtchen ist inzwischen problematisch geworden. Vom Schiff aus sind die gewaltigen Erdrutsche zu sehen, die manche Wanderwege verschütteten.

Beim nächsten Halt des Schiffes im ersten Cinque-Terre-Städtchen **Monterosso** wird eine andere kritische Entwicklung sichtbar: jede Menge Reisebusse, deren Fahrgäste die malerischen Gassen füllen. Und Autofahrer müssen vor jedem der fünf Orte ihr Fahrzeug sehr weit oberhalb abstellen. Daher empfehlen wir eine Alternative, mit der Familien diese schöne Landschaft an ungefährdeter, romantischer Stelle mit Rucksack und Wanderschuhen genießen können (siehe S. 41).

Das Meer verschlang Neptuns Dreizack

Durch die auf 1,5 Kilometer ausgedehnte Lage entlang der Küste verteilen sich die Touristen im Städtchen Monterosso, im Vergleich zu den anderen Orten, einigermaßen. Vor allem die Altstadt bietet gemütliche Gassen und im Gebiet der Cinque Terre rare historische Denkmäler wie die Kirche **Chiesa di San Giovanni Battista** [Via Don Giuseppe Flaccavento 3, tagsüber geöffnet]. Schon die gestreifte Fassade aus weißem Marmor und im Gebiet gewonnenem, schon seit der Steinzeit verwendeten, grünen Serpentin weckt das Interesse. Besonders schön: die Marmor-Rosette über dem

Die Abtei San Fruttuoso ist mit dem Auto nicht erreichbar

Es sieht so aus, als seien die Häuser von Manarola übereinandergestapelt

Eingangsportal. Ein lustiges Denkspiel bietet sich im Inneren. Ehe die zweite Säule auf der linken Seite zu Rate gezogen wird, sollten die Klügsten der Gruppe aufzeichnen, wie sie das Baujahr der Kirche, 1307, in römischen Ziffern schreiben würden. Viel einfacher: MCCCVII. Durch einen 100 Meter langen Fußgängertunnel geht es in den neueren Ortsteil Fegina. Am Ende des Sandstrandes finden vor allem die Kids Gefallen an dem am Felsen hängenden, 14 Meter hohen Giganten aus Stahlbeton. Sturmfluten haben dem Neptun von Monterosso allerdings seinen Dreizack weggerissen und von seinen Schultern die muschelförmige Terrasse. Vielleicht die Rache des zornigen Meeres?

Wandertipp für Familien

An den anderen vier Orten fährt das Boot ohne Stopp vorbei. Dem malerischen, von Besuchern überlaufenen, **Vernazza** ist anhand der erhaltenen Türme die frühere Befestigung anzusehen. 100 Meter über dem Meer liegt das zweigeteilte **Corniglia**, einst von Bauern aus Volastra als Stützpunkt bei ihren Olivenhainen und Weinbergen gebaut. Die Abgeschiedenheit von weltoffenen Seeorten ist der zurückhaltenden Mentalität der Einwohner heute noch anzumerken. Es folgt **Manarola**, auf einem Felsen angesiedelt, früher ebenfalls ein Ort der Bauern aus Volastra, die einen Zugang zum Meer suchten. Die steilen Gassen führen zum kleinen Hafen. Der Wanderweg von hier bis Corniglia ist am ehesten für Familien zu empfehlen. Er ist relativ flach und wurde nach den letzten Erdrutschen Ende 2013 durch zwei hölzerne Hängebrücken neu gesichert. Wer wandern will, besorgt sich vor Abmarsch am besten die **Cinque Terre Card** [Tageskarte: Erw. € 6, Kinder (ab 4 J.) € 3, Familien € 15,10. Mit Benutzung von Bus und Bahn: Erw. € 12, Kinder (ab 4 J.) € 7.30, Familien € 31,50, www.parconazionale5terre.it].

Ciao Via dell'Amore

Der fünfte im Bunde der „Fünf Orte", **Riomaggiore**, hat sich schachtelartig auf beiden Seiten eines Bergbaches angesiedelt. Die Farbigkeit der auf Etagen gebauten Häuser ist nicht zu überbieten, das Labyrinth der Gassen abenteuerlich. Eigentlich eine Schönheit, die durch das starke touristische Interesse, durch zig Busse mit Passagieren der im benachbarten La Spezia ankernden Kreuzfahrtschiffe zu Tote geliebt wird. Fast symbolisch ist das Schicksal der Riomaggiore mit Manarola verbindenden **Via dell'Amore.** Nach Unfällen durch Felssturz ist niemand bereit, für die Zukunft Sicherheit zu garantieren. Schluss mit dem Liebesweg, der jedoch ohnehin durch den Massenbetrieb keinen Platz mehr bot für romantische Augenblicke, für verschwiegene Küsse.

Durch die Caruggi hoch zu Burg und Kirche

Letzter Stopp der Schiffsreise ist das romantische **Portovenere** [Pro Loco, Piazza Bastreri 7, 19025 Portovenere, Tel. +39 0187-79 06 91, www.prolocoporto venere.it]. Wie eine rosa-gelbe Spielzeugstadt, die Häuser eng aneinandergeschmiegt, so als wollten sie sich gegenseitig vor dem Meereswind schützen und von oben bewacht von Burg und Kirche, zeigt sich dem Besucher das pittoreske Städtchen. Zwei Kirchen reizen als Erstes zum Besuch: auf den Resten eines Venus-Tempels erbaut, zuerst das aus schwarz-weiß gestreiftem Portoro (Marmor aus Portovenere) gestaltete Kirchlein **San Pietro** [auf dem Uferweg vom Hafen nach links, dann über Treppen hoch, März-Okt 7-23 Uhr, sonst nur nachmittags, Eintritt frei] aus dem 13. Jahrhundert. Von allen Besuchern liebevoll betrachtet wird die Skulptur „La Porta del Cielo" (von Lello Scorzelli, 1993), die Himmelstüre mit niedlichen Bronze-Heiligen. Unterhalb der Treppe geht es dann links hoch zur Pforte der Byron-Grotte. Hier soll der legendäre Lord seine Schwimmleidenschaft ausgetobt haben. Heute ist die Grotte weniger interessant, eher das Sonnenbad auf schwarzem Fels und für Sportliche der Kopfsprung in das kühle Nass. Weiter geht es aufwärts, vorbei an der drallen Bronzefigur „Mater Natural" (ebenfalls von Lello Scorzelli) zur Kirche **San Lorenzo** [Öffnungszeiten wie San Pietro]

Malerischer Anblick: Der Hafen von Portovenere und auf dem Berg die Burg

aus dem 12. Jahrhundert. Hier sind außer der mit Heiligenfiguren verzierten Marmorkanzel und dem mit Reliefs geschmückten Taufbecken (ebenfalls 12. Jahrhundert) im rechten Querschiffarm am Kapelleneingang die Votivtafeln beachtenswert. Diese Bilder wurden von Gläubigen gespendet, meist als Dank für die Rettung aus einer Notlage, hier vor allem der Rettung aus Seenot.

Rundblick vom militärischen Bollwerk

Nach ein paar Atemzügen über steile Treppen erreicht man die stolze **Burg der Doria** [April-Okt tgl. 10-13 und 14-18, Nov-März Sa/So 10-17 Uhr, € 3, Kinder (unter 8 J.) frei]. Nach Besichtigung der Säulenhalle und des restaurierten Kapitänshauses sollten sich die Besucher auf den atemberaubenden Blick konzentrieren. Die 360-Grad-Rundsicht zeigt die Berge und das Meer, unten das UNESCO-Weltkulturerbe Porto Venere, südlich davon die Inseln Palmeria und

Beindruckend: die Burg der Doria, gebaut Ende des 12. Jahrhunderts

Der Duft ligurischer Spezialitäten

Die Gasse in Portovenere duftet nach Gebackenem und Erbsen. Der Backduft kommt von ***La Pizzaccia****, Via Capellini 94-98, Tel. +39 187-79 27 22, Do (außer Aug) und Dez-Mitte März geschl. Große Auswahl an Pizza, Focaccia und Farinata, Stücke schon ab € 3. Die Kichererbsen mit Bohnen gemischt gehören zur Suppe in der* ***Antica Osteria del Caruggio****, Via Cappellini 66, Tel. +39 187-79 0617, Do geschl. In der urigen Kneipe serviert der singende Antonio, Mamma Maria kocht außer der leckeren Suppe (€ 6) auch Spaghetti al Pesto für € 10 und Acciughe mit Polenta (Sardellen mit Maisbrei) für € 11, die jungen Leckermäuler ziehen das Pandolce della Maria vor – ein traditioneller Kuchen aus Butterteig mit kandierten Früchten und Rosinen.*

del Tino, im Osten den Golfo dei Poeti mit La Spezia im Norden und weiter südöstlich Lerici, dahinter den grünen Regionalpark Montemarcello-Magra. Der steile Weg abwärts über schmale Caruggi führt von der Festung zwangsläufig in die Via Cappellini, eine hübsche Häuserzeile für Shopping und Einkehr (siehe Kasten oben). Aber Vorsicht – nicht die Abfahrt des Ausflugschiffes verpassen! Dann läuft der Film rückwärts. Wer kann die Orte auswendig aufzählen?

Familien-Wanderung: Cinque Terre ohne Stress

Weg von den traditonellen und oft vollen Wanderwegen, stattdessen ein Besuch schöner Cinque Terre-Städtchen mit dem Bus: eine entspannte Alternative für Familien. Wer mit schlichter Unterkunft zufrieden ist, wählt eine empfehlenswerte, wenn auch einfache Jugendherberge, das ***Ostello Tramonti*** *(Via Fabio Filzi 110, 19133 Biassa, westlich von La Spezia, Tel. +39 0187-75 85 07, www.ostellotramonti.it, im 4-Bett-Zimmer € 18-22 pro Person (unter 10 J. 50 % Nachlass). Speiseraum mit Mikrowelle und Kühlschrank, kostenloser Parkplatz, Shuttle nach Riomaggiore!). Der Herbergsvater gibt gute Tipps für Wanderungen.*

Ebenfalls in ruhiger Lage ohne hektische Parkplatzsuche oberhalb von Manarola liegt das geradezu feine ***Albergo Luna di Marzo*** *(Via Montello 387 c, 19010 Volastra, Tel. +39 0187-92 05 30, www.albergolunadimarzo.com, DZ mit Frühstück € 110, Zusatzbett pro Tag € 25, Nov-Jan geschl.). Es gibt Busverbindungen nach Manarola und Riomaggiore und an der Rezeption Tipps für Wanderungen.*

Wander-Tipp für Familien ab Biassa: *Ab dem Kirchplatz auf Weg Nr. 4 bis zur Kapelle Sant'Antonio; weiter durch die Forstmeile Palestra nel verde, zur Auflockerung 2,5 km mit 15 Gymnastik-Möglichkeiten. Danach Stopp an einem 2,5 m hohen Felsen, einem Menhir (Bronzezeit 2400-2000 v. Chr.), der eventuell für einfache astronomische Funktionen benutzt wurde. Er steht auf der rechten Seite, links eine mittelalterliche „Pose", eine Mauer zum Absetzen von Rückentragen. Danach über Steintreppen ein kleiner Abstecher über Weg 4 b zum Brunnen Fontana di Nozzano. Hier soll Napoleon 1797 beim Marsch nach La Spezia seine Pferde getränkt haben. Weiter bis zum Weiler Montesteroll und wer noch Kraft in den Muskeln hat, kann sich 300 Stufen tiefer im Meer erfrischen. Oben geht es auf der 4 b weiter nordwärts bis Fossola und auf der 4 c ostwärts wieder zur Kapelle Sant'Antonio. Nun entweder zurück nach Biassa oder über den Weg 527 nordwestlich zum Hügel Colle del Telegrafo mit gleichnamigem Restaurant (Tel. +39 0187-76 05 61, Do geschl.). Zurück nach Biassa über Weg Nr. 3. Dauer der meist leichten Wanderung ohne Abstecher ca. 4 Stunden.*

Preiswert essen in den Cinque Terre: Monterosso: Il Gigante*, am Strand beim Poseidon, Tel. +39 0338-339 60 36, Focacce und Panini € 4, Salat ab € 4,50.* ***Riomaggiore****:* ***La Cantina dello Zio Bramante****, Via Birolli 110, Tel. +39 0187-76 20 61, urige Cantina, Bruschette und Crostini € 3.50, Salate ab € 4, Gemüsetorte € 4, Dosengetränke € 3;* ***Manarola: La Cambusa****, Via Renato Birolli 114, Tel. +39 0187-92 10 29, große Pizza-Auswahl, preiswert.*

Tour 3 – Klöster und Natur pur mit Ringelnatter

Lavagna • Abtei San Salvatore dei Fieschi • Fluss Entella • Carasco • Mezzanego • Borzonasca • Borzone • Abtei Sant'Andrea • Montemaggio • Passo del Bocco • Cassego • Varese Ligure

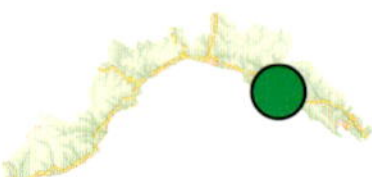

Wo: Parco dell'Aveto, nördlich der Linie Chiavari-Sestri Levante – Wie: mit dem Auto, kleine Wanderungen – Dauer: Tagesausflug – Nicht vergessen: Kamera, Kopfbedeckung, Windjacke, gutes Schuhwerk, Wasservorrat, Essen für ein Picknick

Wie vor Hunderten von Jahren: die Abtei Sant'Andrea di Borzone

Dieser abwechslungsreiche, vorwiegend grüne Ausflug führt durch den südlichen Teil des Naturparks **Parco dell'Aveto** [Informationen: Via Marré, 75 a, 16041 Borzonasca, Tel. +39 0185-34 03 11, info@parcoaveto.it, www.parcoaveto.it]. Geheimnisvoll wirken die am Weg liegenden Abteien, lustig plätschern die Flüsse Lavagna, Sturla und Graveglia, die bei **Carasco** den nur acht Kilometer langen Wasserlauf **Entella** bilden – ein Vogelparadies. In den Bergen überrascht die reiche Flora und Fauna. Der Scheitelpunkt ist der Bocco-Pass mit einem See, der zu einer kleinen Wanderung einlädt. Auf der anderen Seite geht es Richtung Parma/Emilia Romagna, wir halten uns aber östlich, bis auf engen, kurvigen Sträßchen das wunderschöne Burgdorf **Varese Ligure** erreicht ist.

Ältestes Mosaik und Splitter des Kreuzes

Von Chiavari/**Lavagna** aus wählt man die SP 34 bis **Cogorno** [Tourist Information, Piazza A. Moro 1, 16030 Cogorno, Tel. +39 0185-38 57 45, www.comune.cogorno.ge.it]. Die SP 34 ist schöner als andere Anfahrtsstraßen, bietet sie doch einen Blick zur Entella-Mündung und über die Küste bis zur Halbinsel Portofino. Am Rande des Städtchens erhebt sich inmitten von Weinbergen die graue Abtei **San Salvatore dei Fieschi** [tgl. durchgehend geöffnet]. Grau, weil sie mit Ardesia, dem ligurischen Schiefer gebaut wurde. Anders der Eindruck vor ihrer Fassade mit weißen und schwarzen Steinen sowie einer großen Marmorrosette. Zu ihren Füßen eine lebhafte Steinlegearbeit aus Fluss- und Meereskieseln, das Rissëu, eine ligurische Tradition seit Jahrhunderten, die älteste Form des Mosaiks überhaupt. Im Inneren der dreischiffigen romanisch-gotischen Basilika: moderne Sakralkunst in Holz und Ardesia. In einem gläsernen Reliquiar befinden sich (der Überlieferung nach) Teile des Kreuzes, an dem Jesus starb.

Vom Nusstorten-Ort zur nächsten Abtei

Rund acht Kilometer geht es schließlich nordwärts am Fluss Entella entlang. Über das Städtchen **Carasco** führt unsere Tour nach **Borzonasca** [Tourist Information, Piazza Severino 1. 16041 Borzonasca, Tel. +39 0185-34 00 03, www.comune borzonasca.it]. Der luftfrische Ort liegt im Hochtal des Sturla-Flusses, rundum gedeihen prächtige Nussbäume. Ihre Frucht ist die Basis der bei Jung und Alt beliebten Nusstorte, der „Torta di Nocciole“. Beim Amt gibt es Vorschläge für Wandertouren, im Wald beim Hinweis „Indian Forest“ das Feriendorf Oasi Belpiano (siehe S. 109), aber das Highlight liegt nur drei Kilometer entfernt, im Flecken Borzone: die Abtei **Sant'Andrea di Borzone** [ab Borzonasca deutliche Hinweise, tgl. durchgehend geöffnet]. Die Strecke dorthin ist recht eng, Eidechsen huschen über den Weg, hupen ist zu empfehlen, nicht wegen der Kriechtiere, auch in dieser einsamen Gegend kommt mal ein Auto entgegen.

600 Jahre alte Zypresse und das Antlitz im Fels

Die einsam in der Landschaft stehende ehemalige Benediktiner-Abtei Sant'Andrea (7. und 8. Jh.) wirkt auf den ersten Blick recht geheimnisvoll. Im Gegensatz zu anderen Kirchen aus Schiefer und Marmor wurden hier Kalk- und Ziegelsteine für das Mauerwerk verwendet – in Ligurien ein fremdes Baumaterial. Der massige Glockenturm hingegen, ein Bossenwerk (roh bearbeitete Quader mit geglätteten Rändern), besteht aus Sandstein. Im schlichten Inneren der Kirche mit Hauptaltar und drei Nebenaltären ist in der Apsis ein Tabernakel aus Ardesia, dem ligurischen Schiefer, zu sehen (1513). Die jüngeren Kirchenbesucher kramen lieber am Eingang im Karton mit von Kindern der Umgebung bemalten Steinen (€ 3 und

Hunger stillen in Borzonasca

Von der Küste kommt man gerne hierher für eine gemütliche Rast. Beliebt sind: ***Pizzeria Da u Rappy**, Via A. Grilli 18, Tel, +39 0185-34 30 04;* ***Il Capriccio**, Via Levaggi 28/a, Tel. +39 0185-34 07 42, preiswerte Tagesgerichte;* ***Trattoria Lagorio**, Via Montemoggio 7, Tel. +39 0185-34 04 24, ligurische Gerichte, Pizza;* ***Antica Trattoria**, Piazza Marconi 2, Tel. +39 0185-34 01 47, hier gibt es neben anderen ligurischen Spezialitäten auch die berühmte „Torta di Nocciole“.*

Keine Angst vor Ringelnattern

Beim Spaziergang rund um den See kann es sein, dass sich euch plötzlich eine aufgeblähte Ringelnatter in den Weg stellt, mit dem Vorderkörper pendelt und dabei zischt. Außerdem macht sie den Eindruck, als wollte sie beißen. Nicht davonrennen, stehen bleiben und gucken. Das Reptil will nur Angst machen und wird bald die Flucht ergreifen. Es ist selten, dass eine Ringelnatter zubeißt. Wenn doch: Die kulleräugigen Amphibien sind ungiftig, ein Biss für Menschen ist ungefährlich.

€ 4). Um die magische Wirkung des Gotteshauses zu verstärken, stehen vor der einzigartigen Fassade wie strenge Wächter zwei Zypressen, die linke hat ganze 600 Jahre auf dem Buckel. Noch geheimnisvoller wird die Gegend durch das nahe der Abtei von Mönchen in den Berg gemeißelte **Grande Volto Megalitico**, das „Antlitz im großen Fels". Es erinnert an das Gesicht Jesu, ist sieben Meter hoch und vier Meter breit.

Von fleischfressenden Pflanzen ...

Von Borzonasca geht die Fahrt vier Kilometer zurück bis Borgonovo und dann links ab in die Berge Richtung Bocca-Pass. Vom Ort **Montemaggio** in 622 Meter Höhe kann der Blick weit schweifen – bis zu den Seealpen. Helle Blüten wachsen am Rand der engen Straße und am Feldrand. Nach wenigen Kurven erreicht man den **Passo del Bocco** in 956 Meter Höhe. Eine Pause ist angebracht, am besten im **Rifugio Antonio Devoto** [Strada Provinciale Valico del Bocco 137, Mezzanego, Tel./Fax +39 0185-34 20 65, www.rifugiodelbocco.it] mit gutem Restaurant und Übernachtungsmöglichkeiten. Hier werden die Naturfreunde auch über die Sehenswürdigkeiten rund um den Pass informiert. An erster Stelle empfiehlt sich ein entspannender Spaziergang auf den Wegen (auch für Buggys) des Botanischen Gartens **Federico Delpino** (tagsüber frei zugänglich, Rundweg ohne Stopps 30 Minuten, Picknickplatz). Auf Tafeln wird über die Pflanzenwelt des Aveto-Parks informiert. Für Kinder besonders spannend ist der Rundblättrige Sonnentau: eine fleischfressende Pflanze.

... und schwimmenden Schlangen

Ganz in der Nähe des Rifugio lockt ein zweiter kleiner Rundgang, nämlich um den kleinen See **Laghetto Bocca** (falls

Wanderung zum Monte Porcile

*Wer eine Wanderung einlegen will, findet schöne Landschaften und Aussichten auf dem Weg vom Pass zum **Monte Porcile**, Dauer hin und zurück 2 ½ Stunden. Die Tour mit Beschreibung, Karte und technischen Daten ist über Handy abrufbar: www.planetoutdoor.de/mobile/40783.*

abgesperrt, Schlüssel im Rifugio, ohne Stopp 20 Minuten). Der Weg ist leicht mit dem Buggy zu begehen, unterwegs gibt es sogar einen Picknickplatz. Mit neugierigen Kindern dauert die Umrundung aber viel, viel länger. Denn überall huscht und kreucht es, die Fotojäger machen Pirsch auf Frösche, Kröten, Salamander und Eidechsen.

Und was sich da im Wasser schlängelt, ist eine völlig ungefährliche Ringelnatter, die bei großer Hitze ein kühles Bad im Bocco-See nimmt. Im April kommt die kleine Schlange, erkennbar an dem weißen oder gelben Halbmond hinter dem Kopf, aus ihrem Winterquartier, um sich zu häuten und zu paaren. Selten findet man im Sommer ein verstecktes Gelege mit bis zu 30 Eiern. Die jungen Natterchen schlüpfen im August und September. Die hellgrauen bis schwarzen Reptilien sind scheu und fliehen meist bei der geringsten Störung (siehe Kasten links).

Zu Liguriens schönstem Städtchen

Hinter dem Passo del Bocco geht es über die SP 49 ostwärts zum Bergdörfchen **Cassego** und über Scurtabo weiter östlich ins Tal. Hier umfließt das Flüsschen Vara malerisch eines der schönsten ligurischen Städtchen: das pittoreske **Varese Ligure** [Pro Loco, Piazza Castello 1, 19028 Varese Ligure, Tel. +39 0187-84 20 94, www.prolocovareseligure.it]. Das Städtchen ist die erste Gemeinde Europas, die das Zertifikat ISO 14001 erhielt, eine Auszeichnung für perfektes Umweltmanagement. Kurz vor der Brücke über den Crovana-Bach kann man parken. Von der Brücke hat man einen wunderbaren Blick auf den vom Bergbach dekorierten Ponte di Grexino, einem massiven Steinübergang, eigentlich zu mächtig für einen den Fußgängern vorbehaltenen Steg. Doch das hat seine Geschichte: Bis zum Jahr 1515 gab es hier nur eine wackelige Holzkonstruktion. Dann brach

Der Ponte di Grexino spannt sich in Varese Ligure über den Bach Crovana

Das runde Wehrdorf: Borgo Rotondo in Varese Ligure

ein junger Mann durch die Holzbretter und ertrank im Crovana-Bach. Er war auf dem Weg zu seiner Braut, die auf der anderen Seite des Wassers vergeblich auf ihren Geliebten wartete. Die Einwohner von Varese waren über das Unglück so erschüttert, dass sie eine gewaltige Brücke aus Stein bauten, damit nie mehr eine Braut vergeblich auf ihren Liebsten warten muss.

Ein rundes Wehrdorf mit Laubengängen

Noch mächtiger und auch aus Stein ist das am Ortseingang stehende **Castello dei Fieschi**. Die Fieschi, Feudalherren von Lavagna, ließen im 13. Jahrhundert eine Siedlung bauen, die gleichzeitig wie eine Festung funktionierte. Und damit betreten wir ein Wehrstädtchen von ganz besonderem architektonischem Reiz. Hinter der Festung, gleich nach der Piazza Castello, führen enge Caruggi, malerische Bogengassen, in den Stadtteil Borgo Rotondo, wie der Name verrät, ist dieser ganz rund. Er besteht aus einem weiten Marktplatz, umringt von pastellfarbenen Häusern mit zauberhaften, schattigen Laubengängen. Wenn die Kinder in den Gassen toben oder Verstecken spielen möchten, sollte ein Treffpunkt vereinbart werden, im Borgo selbst klappt das weniger, denn alle Durchgänge heißen Via Portici. Außerhalb des runden Mittelpunkts reihen sich Bars, Restaurants und Eisdielen aneinander (siehe Kasten). Es lohnt sich, im Bio-Städtchen einzukehren, in dessen Trattorien Steinpilze und Kastanien Basis der lokalen Küche sind. Noch ein Blick auf die Uhr: „Bleiben oder weiter?“ Bis zur Küste, z. B. zum Ausgangspunkt Lavagna, sind es noch knapp 40 Kilometer.

Einkehr im Wehrdorf

*Vielleicht ein Eis? Es schmeckt lecker rund um die Piazza V. Emanuele II, z. B. in der **Gelateria Colombo** Nr. 21 oder in der **Bar Sport** Nr. 66. Typische Süßigkeiten für unterwegs gibt es in Nr. 5 bei **Il Forno di Germano** oder in Nr. 54-55 bei **Alimentari de Vincenzi**.*

*Gut und typisch ligurisch essen auf derselben Piazza: **Ristorante della Posta** in Nr. 16, Tel. +39 0187-185 78 21, Mo-Sa Tagesmenü € 10, Mo/Do abends geschl.; **La Taverna Del Gallo Nero** in Nr. 26, Tel. +39 0187-84 05 13 und **L'Osteria Du Chicchinettu**, vom Castello über die Via Umberto zur Piazza Giuseppe Mazzini 5, Tel. +39 0187-84 20 52, Di/Mi geschl.*

Tour 4 – Naturpark Portofino, über Stock und über Stein …

Santa Margherita Ligure • Gave • Mulino del Gassetto • Prato • Base Null • San Fruttuoso

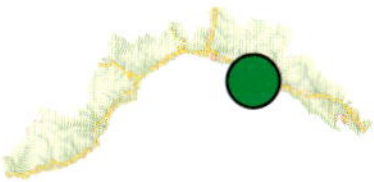

Wo: südöstlich von Genua, quer durch den Naturpark Portofino – Wie: zu Fuß – Dauer: ca. 4 Stunden reine Gehzeit, Badezeit in San Fruttuoso einplanen – Nicht vergessen: feste Wander- oder Sportschuhe, Windjacke, Sonnenschutz, Wasser, Snacks für Picknick, Badesachen, Kamera

Die Wanderwege quer durch den **Naturpark Portofino** sind gut gekennzeichnet und führen meistens durch schattige Wälder mit reicher Botanik. Überwältigend sind immer wieder die Blicke auf die Küste und das Meer. Die erste Hälfte der 4-Stunden-Tour ist leicht zu schaffen. An der Wegkreuzung bei Olmi (Locatità Costa della Pineta) ist Zeit für eine Pause. Familien mit jüngeren Kindern nehmen ab dort besser den leichteren Weg nach Portofino Mare und besuchen von dort das Endziel **San Fruttuoso** per Boot. Die direkte Fortsetzung der Wanderung über den Weg mit den zwei roten Punkten empfehlen die Wanderführer für Familien mit Kindern ab 12 Jahren. Wer Informationen benötigt oder eine geführte Tour buchen will, kann sich bei Francesca del Monte melden [LABTER Parco di Portofino, Viale Rainusso 1, 16038 Santa Margherita Ligure, Tel. +39 0185-28 94 79, labter@parcoportofino.it, www.parcoportofino.it].

Folge dem roten Kreuz

Start der ereignisreichen Wandertour ist in **Santa Margherita Ligure** [IAT Santa Margherita Ligure, Piazza Vittorio Veneto s/n, Tel. +39 0185-28 74 85, iat.santamargheritaligure@provincia.genova.it, http://turismo.provincia.genova.it]. Am südlichen Ende des Hafens rechts nach dem empfehlenswerten Restaurant La Paranza (Via J. Ruffini 46) beginnt die Straße Salita Montebello, die in die Strada Comunale della Madonetta mündet. Es geht über gepflasterte Treppenwege

Es geht über Stock und Stein im Naturpark Portofino

aufwärts. Als Wegzeichen dient ein rotes gleichschenkliges Kreuz. Vor dem Ort **Paranza** geht links von der Asphaltstraße ein Weg kurz nach oben und an einem Gebäude im rechten Winkel wieder nach links. Jetzt ist der Wanderweg nicht mehr zu verpassen und es bleibt Zeit, die aus Mäuerchen wachsenden roten Mittagsblumen zu fotografieren. Wo die Flächen nicht bewirtschaftet sind, riecht es gelegentlich unangenehm.

Stärkung für fleißige Wanderer

Die Essenspreise in Santa Margherita Ligure sind allgemein recht hoch. Wegen guter Qualität zu empfehlen: ***La Paranza****, Via J. Ruffini 46, Tel. +39 0185-28 36 86, Mo geschl., viele Fischgerichte, hohe Qualität, hausgemachte Pasta, beliebter Risotto, Touristen-Menü mit Getränk € 25;* ***Caffe del Porto****, Via T. Bottaro 32, Tel. +39 0185-28 70 44, empfehlenswertes Frühstück, große Kuchen-Auswahl, Touristen-Menü € 20;* ***Black Stallion****, Via Gramsci 11, Mo-Sa 7-2 Uhr, im Sommer auch So, einfaches, preiswertes Essen, gut belegte Panini, tolle Aperitifs.*
Empfehlenswerte Eisdielen: ***Gelateria Il Portico****, Piazza Martiri della Libertà 48;* ***Gelateria Centrale****, Largo Antonio Giusti 14;* ***Bar und Gelateria Miki****, Via Bottaro 10.*

Unterkünfte und Kurzweil in Santa Margherita

Die hübsche Stadt Santa Margherita ist ein günstiger Startort für Wanderungen in den Naturpark Portofino. Zur Übernachtung empfiehlt sich für Familien die Jugendherberge ***Casa Ferie Colombo*** *(siehe S. 109). Wer mehr Geld ausgeben will, findet in der* ***Villa Anita*** *(www.hotelvilla anita.com) eine angenehme Bleibe. Zwei Parks der Stadt sind besonders schön(tägl. im Sommer 9-19, im Winter bis 17 Uhr, Eintritt frei): Der* ***Park der Villa Durazzo*** *(Piazzale San Giacomo 3, www.villadurazzo.it) lädt zu einem Spaziergang ein. Ein Elektrobus fährt durch die exotische Pflanzenwelt, ein Restaurant bietet gemütliche Ecken im Garten. Für Kinder noch spannender ist der* ***Parco Flauto Magico*** *(Corso Elia Rainusso 12). Inspiriert durch Mozarts Oper „Die Zauberflöte" stehen zwischen Palmen, Schirmpinien und Eukalyptus poetische Konstruktionen, die gleichzeitig zum Klettern und Spielen geeignet sind.*

Pflanzen wie die Stinkblume (erkennbar an ihren behaarten Blättern und den in Trauben angeordneten, bis zu 20 gelben Schmetterlingsblüten), aber auch der Schlangen- oder Drachenwurz verbreiten einen schlechten Geruch.

Ein Test mit dem QR-Code

Technisch wird es am Wegweiser beim Ortsteil (Località) **Gave**, wo Besitzer von Handys mit entsprechender Software (iPhones, Smartphones etc.) per QR-Code eine grobe Beschreibung des Wanderweges abrufen können (italienisch und englisch, deutsch geplant). Ein Stück weiter, bei der Casa Costa, bietet sich den Fotografen ein umfassender Blick auf die Küste zwischen Punta Pedale und Punta Cervara mit der Abtei San Gerolamo della Cervara, von der Küstenstraße zwischen Santa Margherita und Portofino aus erreichbar. Steineichen säumen den Weg, werden abgelöst von der Aleppo-Kiefer und bilden in den Senken mit Flaumeichen und Steinbuchen einen gesunden, den Wanderern Schatten spendenden Mischwald. Allmählich werden die Füße ein wenig müde, aber eine Informationstafel gibt neuen Schwung und zeigt an, dass bald ein Rastplatz kommt.

Erdbeerbäume und Süßgräser

Einzelne Häuser verstecken sich am Südhang des Berges Monte Brano, drum herum kleine Weingärten, Obstbäume und Gemüsebeete zwischen Olivenhainen – ligurische Selbstversorger weit weg von der Zivilisation. Eine Waldschneise gibt den Blick frei auf die vor Portofino liegende Paraggi-Bucht mit Sandstrand. Zweige des Westlichen Erdbeerbaums (Arbutus unedo) hängen über den Weg. Im Herbst werden die an Erdbeeren erinnernden, leicht warzigen Früchte orange bis rot. Sie sind essbar, schmecken leicht fruchtig, aber schon der lateinische Name der Frucht rät: nur eine essen. Es dürfen auch ein Dutzend sein, mehr nicht, sonst murrt der Magen. Besser verträglich ist die Frucht, wenn sie zu Marmelade, Likör oder Schnaps verarbeitet wird. Nebenan duften von Juni bis August die weißen, mit auffallend langen Staubfäden geschmückten Blüten der immergrünen Myrte.

Kurz orientiert – und schon kann die Tour weitergehen!

Picknickplatz und Pasta in der Mühle

Wir überqueren den von Schilf eingerahmten Fluss **Acqua Morta**. Eine alte Mühle träumt von früheren Zeiten, geblieben ist nur der Name des nahen Weilers: Molini. Nach einem Wald aus Kastanien und Kiefern erreichen wir den Picknickplatz des **Mulino del Gassetta**, wo ein Spielplatz lockt. Alte Waschtröge erinnern hier an die frühere Besiedlung; an einer Wasserstelle kann frisches Trinkwasser gezapft werden. Wenn man leise ist, kann man hier vielleicht sogar einen Braunfrosch erspähen.

Wer kein Picknick dabei hat, versorgt sich in der von der Parkverwaltung restaurierten **Gassetta-Mühle** [Tel. +39 0339-842 11 32, www.mulinodelgassetta.it, Mitte März-Anf. Nov Do-Di 10-15 Uhr, Pasta € 10, Fleischgerichte € 14]. Im Erdgeschoss ist eine wieder hergerichtete Mühle für Oliven und Kastanien zu besichtigen.

Ab hier: der leichte oder schwere Weg?

Frisch gestärkt geht es weiter durch einen schattigen Wald, durch das Reich der von Sonnenstrahlen geküssten, teils menschenhohen Farne. Etwa 500 Meter nach der Mühle ist der Rastplatz **Costa della Pineta** erreicht. Neben der Informationstafel stehen Tisch und Bänke. Jetzt gilt es, die Fortsetzung der Tour genau zu überlegen, denn der zweite Abschnitt verlangt etwas mehr Kraft. Die Wanderführer des Portofino-Parks empfehlen die Strecke ab zwölf Jahren. Am Rastplatz links vorbei geht der einfachere, mit einem roten Quadrat gekennzeichnete Wanderweg über San Sebastiano nach Portofino. Dort gibt es eine gute Verbindung mit dem Boot zur Abtei San Fruttuoso. Der Weg geradeaus mit zwei roten Punkten bringt die Wanderer auf schwierigerem Weg über Cappelletta nach Portofino. Wer fit genug ist, biegt in den rechten Weg ein, bis zum Ziel San Fruttuoso ebenfalls mit zwei roten Punkten markiert.

Ist dort hinten vielleicht der geeignete Platz für eine kurze Rast?

Ein Baum stirbt aus wegen der Laus

Anfangs wird niemand die mahnenden Worte verstehen, es geht doch flink voran. Doch dann steigt der Weg im Örtchen **Prato** steil hoch bis zu einem großen, gut gepflegten Garten, seitlich davon eine Trinkwasser-Quelle. Der Wegweiser zeigt für San Fruttuoso eine Stunde Gehzeit an. Dichte Macchia mit Ginster, Mastix, Zistrosen, Thymian, Lavendel, Affodill, Myrte und Erdbeer-

Rätselspiel im Wald

Der Spielführer markiert etwa fünf Quadratmeter Waldboden, auf dem Blätter, Tannenzapfen, Steine und Zweige liegen. Die anderen dürfen sich das Bild eine Minute lang einprägen. Dann drehen sie sich um, der Spielführer verändert die Situation, legt z. B. Steine dazu, entfernt ein Blatt usw. Die Mitspieler sollen innerhalb einer Minute die Veränderungen erkennen. Wer es schafft, darf ein neues Spiel beginnen.

bäumen begleitet den schmalen Weg. Ab September ein wenig auf den Kopf aufpassen, denn reife Haselnüsse fallen herab. Tipp: Sammeln und warten, bis zu Füßen der für die Halbinsel typischen Konglomeratfelsen ein paar Klopfsteine gefunden werden. Im Wald fallen Skelette hoher Bäume auf. Es sind abgestorbene Seekiefern, die von einer kleinen Schildlaus befallen wurden und nicht mehr zu retten sind. Ihre Larven saugen an der Rinde, sondern toxische Stoffwechselprodukte ab, die das Wachstum stören. Die siechenden Kiefern werden von der Parkverwaltung gefällt, nicht mit großer Trauer, denn dieser Baum gehört eigentlich nicht in diese Gegend, sondern wurde vom Menschen hier eingeschleppt. Die endemische Aleppo-Kiefer mit der doldenförmigen Krone und den zierlichen, gestielten Zapfen hat hier schon vor Jahrtausenden ihre gesunde Umgebung und den richtigen Untergrund gefunden.

Die steile Felsentreppe

Dort wo der Wald den Blick auf das Meer freigibt, geht der schmale Pfad dicht an die Felsenwände heran, Steinplatten liegen in der Spur, die oft in den Berg gehauenen Felsstufen sind teilweise fast einen Meter hoch – Akrobatik ist gefragt. Kürzere Beinchen brauchen hier die Hilfe der Erwachsenen. Keuchend geht es aufwärts. Geschafft. Nach einiger Zeit ist der Trampelpfad wieder gnädig und führt abwärts zu einem kleinen Bergsattel mit Tischen und Bänken. Zeit für ein kleines Picknick?

Es geht weiter abwärts über Stock und über Stein. Die Sonne kommt jetzt nur schwach durch, im Halbschatten und diffusem Licht nehmen abgebrochene Äste und gefallene Stämme die Form von Drachen und wilden Bären an. Man fröstelt, doch Ursache sind nicht Geisterfantasien, sondern es ist die in diesem Parkabschnitt herrschende niedrigere Temperatur. Der Bach Ruffinale durchquert das Tal und fließt südwärts zu einer Badebucht, der Cala degli Inglesi.

I found my love in Portofino – aber sehr teuer

*Portofino ist bekannt für seine hohen Preise. Viele begnügen sich daher mit einer Focaccia, die an der Straße schon für € 3 oder € 4 zu bekommen ist. Pizza unter € 10 ist selten. Eine preiswerte Entdeckung war die **Pizzeria El Portico**, Via Roma 21, Tel. +39 0185-26 92 39, Mi geschl., Pasta ab € 8, Pizza ab € 6, Coperto € 2,50.*

Steinbuchen und Robinien gedeihen hier, in ihrem Schutz schwarzer Holunder. Steil geht es über der durch Felsentürme begrenzten Küste weiter, die immer wieder sichtbar wird, falls man nicht lieber auf die wilden Felsbrocken achtet, die sich in den Weg legen.

Kaum zu glauben: Abtei in Sicht

Base Null heißt der nächste Aussichtspunkt, ein verfälschter Begriff aus dem Begriff „Base Ou", im Dialekt das Wort für einen Goldfundort. Am letzten Wegstück taucht immer mal wieder eine Wand des Portofino-Konglomerats auf, das aussieht, als habe man verschieden große Kieselsteine zusammengebacken. In gewisser Weise stimmt das, wenn auch der Backvorgang der Geröllschicht schon vor 30 Millionen Jahren begann. Endlich wird der Blick auf die Abtei San Fruttuoso und ihren Strand frei. Nur noch ein letztes steiles Stück und ein paar felsige Kurven bis zum Hubschrauber-Landeplatz. Dann ein kurzer Endspurt auf der Treppe bis zum Kloster – endlich ist es geschafft! Zur Belohnung stürzt sich das Wanderteam nun ins kühlende Nass. Im Anschluss vielleicht noch ein leckeres Eis? Wie lange die Rast dauert, hängt von der Geschwindigkeit der Wanderer ab. Denn das letzte Boot nach Portofino und Santa Margherita Ligure legt je nach Jahreszeit um 17 oder 18 Uhr ab. Dann heißt es: Beine ausruhen und die Aussicht genießen!

Am Ende der Wanderung kann neben der Abtei Fruttuoso gebadet werden

Besichtigung der Abtei San Fruttuoso

Das edle Bauwerk, Grabstätte der Genueser Familie Doria, bis zum 15. Jahrhundert von Benediktinermönchen bewohnt, bietet eine dreischiffige Basilika und ein sehenswertes Museum. In der Kirche (freier Eintritt) ist eine Nachbildung des ***Cristo degli abissi*** *zu sehen. Das Original ist eine 2,5 Meter große Bronzestatue, die 1954 rund 300 Meter vom Fruttuoso-Strand entfernt verankert wurde. Sie ist in 15 Meter Tiefe nur Tauchern zugänglich. Im* ***Klostermuseum*** *(tägl. Juni-Mitte Sep 10-17.45, April, Mai und 2. Hälfte Sep 10-17.45, März und Okt 10-15.45 Uhr, Erw. € 7,50, Kinder (4-12 J.) € 4,50, Familien € 22) gibt es interessante Wechselausstellungen. Sehenswert: die Krypta mit den Doria-Gräbern, auf schwarz-weiß gestreiften Zwergsäulchen ruhende Hochgräber.*

Tour 5 – Quietschend und pfeifend von Genua nach Casella

Genua, Piazza Manin • Tunnel von Trensasco • Sardorella • Sant'Olcese • Crocetta d'Orero • Casella Paese

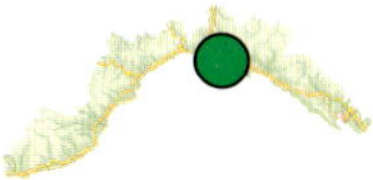

Wo: von Genua in den Ligurischen Apennin – Wie: mit der nostalgischen Schmalspurbahn – Dauer: einfach ca. 65 Minuten – Nicht vergessen: Kamera, warme Jacke, evtl. Ausrüstung für Radtouren und Wanderungen

Abfahrt der Schmalspurbahn ist nördlich des Zentrums von Genua an der Piazza Manin (per Bus von Stazione Bignale Nr. 36 und 49, von Principe Nr. 34). Üblicherweise fährt man bis zur Endstation Casella Paese, lohnend ist unterwegs ein Stopp im Salami-Dorf Sant'Olcese. Wer vor der Endstation aussteigen möchte, muss mit dem Schaffner verhandeln. Und wer unterwegs zusteigen will, muss

In Genua starten wir unsere Fahrt mit der schönen Kleinbahn

sich bemerkbar machen, – am besten mit Jacke oder Hemd winken. Kinder können sich in den Waggons austoben, die meisten Fenster sind zu öffnen – aber Vorsicht: „È pericoloso sporgersi", das heißt „Hinauslehnen ist gefährlich!" Sie quietscht in der Kurve, sie pfeift, wenn es im Tunnel dunkel wird, in steilen Kurven fährt sie in der Mitte ein „drittes Bein" aus, und wenn sie Tempo zulegt (bis zu 35 km/h) rattert und scheppert ihr Gestell. So schraubt sich die Schmalspurbahn bei sehr starker Steigung von 94 auf 458 Meter hoch in den bewaldeten Ligurischen Apennin.

Infos zur Zugfahrt

Ferrovia Genova-Casella, Via alla Stazione per Casella 15, 16122 Genova, Tel. +39 010 83 73 21, www.ferroviagenovacasella.it. Preise: einfach € 3,40, mit Umsteigen 2 x € 2,70, Kinder unter 1,15 m frei, nach Preis für Familientickets fragen. Dauer etwa 1 Std, ca. 24 km, 16 Stationen, tgl. elf Abfahrten hin und zurück.

Der Schaffner mit der Zwickzange

Auch wenn es manchmal sehr laut wird, den Kindern macht es Spaß, und sowieso gibt es vor und hinter jeder Kurve etwas zu sehen. Zunächst unten die große Stadt am Meer, dann der historische Friedhof und weiter oben Häuser mit Vorgärten und Wäsche an der Leine. Bald grünt nur noch Natur links und rechts, Buchen und Robinien, Feigen und Wacholder, gegenüber wächst die Rote Spornblume aus nacktem Fels. Zwischendurch wird der Schaffner bewundert, der wissen will, wohin die Familie fährt und mit seiner Zwickzange ein Loch in das Ticket knipst. Immer wenn ein Pfeifton vom Triebwagen kommt, folgt ein Tunnel. Bleibt das Licht weg, hat der Akku nicht genügend Strom von der Oberleitung gezapft. 13 Tunnel sind es, wenn ich richtig gezählt habe, und sieben Brücken.

Tiefe Täler und dunkle Wälder

Wer eine gute Karte der Umgebung dabei hat, kann schneller die Besonderheiten der Landschaft ausspähen. Auf den Hügeln sind die aus dem 18. Jahrhundert stammenden Forts **Sperone**, **Puin** und **Diamante** zu entdecken. Die Bahnlinie wird auch als „Bahn der drei Täler" bezeichnet. Weit öffnet sich der Blick über die Täler der Flüsse Polcevera, Bisagno und Scrivia. Bei den Kids beginnt ein Wettlauf, wer die landschaftlichen Schönheiten zuerst entdeckt. Oder vor scharfen Kurven die dritte Schiene in der Mitte des ein Meter breiten Gleises. Es handelt sich um eine Leitschiene, die den Zug gegen ein Ausbrechen aus der Spur sichert.

Stopp in **Sardorella**, ein Dorf mitten in einem Wald aus Edelkastanien. Manchmal muss der prustende Bummelzug hier auf den Gegenverkehr warten, denn die Hauptstrecke ist einbahnig. Hinter dem Ort wieder die schöne Natur: Steineichen, violette Kissen mit Erika, dem Heidekraut, und Haselnusssträucher.

Kleine Stärkung auf der Zugfahrt nach Casella Paese

Der Duft der getrockneten Salami

Liebhaber der italienischen Salami bekommen in ***Sant'Olcese*** *eine ganz spezielle Sorte zu kaufen. Sie wird halb aus Schwein, halb aus Rind hergestellt und über Holzfeuer getrocknet. Natürlich gibt es auch andere ligurische Wurstspezialitäten. Wer es genauer wissen will, kann bei der Produktion zuschauen.* ***Salumificio Parodi-Sant'Olcese****, Via Sant'Olcese 25 (Verkauf) und 63 (Fabrikation, Besuchszeiten tgl. 8-12.30 und 15.30-17.30 Uhr, 16010 Sant'Olcese, Tel. +39 010-70 98 27), www.parodisantolcese.com.*

Einkehr in Apennin-Dörfern

Nächster Stopp ist **Sant'Olcese** [Tourist Information, Piazza Guglielmo Marconi 40, Tel. +39 10-726 71 11, www.comune.santolcese.ge.it]. Manche Fahrgäste steigen hier aus, um die berühmte, über Holzfeuer getrocknete Salami zu kaufen (siehe Kasten S. 54), andere planen, hier erst auf der Rückreise eine Pause einzulegen. Bald ist beim Pass **Crocetta d'Orero** mit 458 Metern der höchste Punkt der Bahnstrecke erreicht. Etwas Unruhe kommt dann meistens in **Canova-Crocetta** auf. Hier wird der Zug verkürzt, es kann sein, dass alles in einen Waggon umsteigen muss. Im Deposito Casella, einem Warenlager mit alten Waggons und ausgedienten Lokomotiven, wechselt die Zugmaschine und zieht den Rest des Zuges über die Brücke des Scrivia-Flusses zur Endstation **Casella Paese** [Comune, Via del Municipio 1, 16015 Casella, Tel. +39 010-96 87 71, www.comune.casella.ge.it]. Wer nur den Ort besuchen, vielleicht den Hunger stillen möchte (siehe Kasten oben), sollte sich die Zeiten für die Rückfahrt notieren. Den Ort passiert auch eine beliebte Rad-Rundstrecke (siehe Kasten links), überall sind Wege für kleine Wanderungen markiert. Doch die meisten Familien freuen sich schon auf die klapperige, quietschende Rückfahrt.

Radtour oder Wanderung

Manche Radler nehmen in Casella die westliche Hälfte der Rundtour Sampierdarena-Laccio-Sampierdarena (76 km) und fahren über den Passo dei Giovi, Ponterosso, Pontedecimo zurück nach Genua (ca. 42 km). Wanderer steigen in Crocetta d'Orero aus, um auf der Alta Via dei Monti Liguri über Sello nach Creto zu wandern (7,5 km, ca. 350 Höhenmeter). Wer es gemütlicher haben will, übernachtet in Creto in der Locanda dei Cacciatori, Via di Creto 7, 16165 Creto, Tel. +39 10-968 92 36, info@locandadeicacciatori.net.

Eine kinderfreundliche Trattoria

Nach einem Rundgang durch Casella empfehle ich Familien eine Einkehr in der ***Antica Trattoria della Posta****, Via Pietro de Negri 10, 16015 Casella, Tel. +39 010-967 52 02, www.anticatrattoriadellaposta.it, Mo, Do/Fr 10-14.30 und 16.30-23, Sa/So 10-23 Uhr. In der gemütlichen, familiären und geschmackvoll eingerichteten Trattoria gibt es für Kinder extra fünf kleine Tischchen, auch eine Spielecke, Kinder-WC und Wickeltisch. Pasta wird ab € 9 serviert, Tellergerichte ab € 11, Menü € 25, Kindermenü (kleine Portion à la carte) € 6-7. Auf Weinkenner wartet eine erlesene Cantina. Man kann auch typische ligurische Produkte kaufen, alles bio und „chilometro zero" (null km, also direkt aus der Umgebung).*

Tour 6 – Christoph Kolumbus auf den Fersen

Piazza Acquaverde • Castello d'Albertis • Galata Museo del Mare Banca d'Italia • Casa di Colombo • Porta Soprana • Piazza delle Erbe • Palazzo Ducale • Via dei Macelli di Soziglia • Palazzo Lomellino

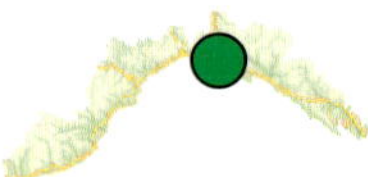

Wo: Stadt Genua, rund um die Altstadt – Wie: zu Fuß, längere Strecken mit Bus oder Metro – Dauer: für Frühaufsteher eine Tagestour, sonst zwei halbe Tage – Nicht vergessen: Stadtplan, bequeme Schuhe (keine hohen Absätze), Sonnenschutz, Kamera, Notizblock

Christoph-Kolumbus-Denkmal an der Piazza Acquaverde in Genua

Wer mit Bus oder Bahn anreist, beginnt die Kolumbus-Tour an der **Piazza Acquaverde** beim Hauptbahnhof Stazione Principe und fährt dann zunächst mit dem Aufzug hoch zum Castello d'Albertis. Wer in Genua wohnt und die Tour an nur einem Tag machen möchte, kann im Süden der Stadt bei der Casa Colombo starten. Größere Zwischenstrecken können per Metro überwunden werden (Fahrplan besorgen). Zwischen beiden Startpunkten liegt das **Touristen-Informationsbüro** [Porto Antico, Palazzina S. Maria, 16124 Genova, Tel. +39 010-253 06 71, www.turismo.comune.genova.it], bei dem es ausreichend Material für die Kolumbus-Rundtour gibt. Verlässt man den Principe-Bahnhof, ist der Entdecker Amerikas nicht zu übersehen. Stolz steht an der Spitze des **Monumento a Cristoforo Colombo** [Piazza Acquaverde] der marmorne Christoph Kolumbus auf hohem Sockel. Mit der linken Hand hält er einen großen Anker, die rechte berührt die Schulter einer knienden Indianerin, ein Sinnbild für das entdeckte und unterworfene Amerika.

Sensationeller Aufzug zum jungen Kolumbus

Der Piazza Acquaverde gegenüber geht es in der Via Balbi hoch zur Oberstadt mit einem sensationellen Aufzug, dem **Ascensore Balbi-Dogali** [werktags 6.45-

21.20, So/feiertags 8-21 Uhr, einfach € 0.80, unter 1,15 Meter gratis]. Die Kabine rollt zuerst horizontal weit in den Berg hinein und steigt dann senkrecht hoch zum Corso Dogali. Von dort sind es ein paar Schritte zum „Museo delle Culture del Mondo" im **Castello d'Albertis** [Corso Dogali 18, 16136 Genova, Tel. +39 010-272 38 20, www.museidigenova.it, April-Sep Di-Fr 10-18, Sa/So 10-19, Okt-März Di-Fr 10-17, Sa/So 10-18 Uhr, Erw. € 6, Kinder (5-12 J.) und Senioren (über 65 J.) € 4,50, mit Cafeteria].
Schon vor Betreten des Schlosses spürt man die Verehrung des damaligen Schlossbesitzers Capitano D'Albertis (1846-1932) für den Entdecker Amerikas: Eine Sonnenuhr zeigt die Zeit in Genua an und die auf Guanahani, der ersten von Kolumbus entdeckten Bahama-Insel, die er in San Salvador umtaufte. Den Spuren des Seefahrers im Schloss zu folgen ist nicht einfach, denn überall locken Sammlungen aus aller Welt vom Sudan bis China.
Wir betreten aber zunächst von der Sala Colombiana aus die Terrasse, um die Marmorstatue **Colombo giovinetto** (Giulio Monteverde, 1837-1917), den jungen Christoph, zu bewundern. Mit gekreuzten Beinen sitzt der Junge auf einem Sockel. Das Buch in seiner linken Hand interessiert ihn nicht, mit leicht gesenktem Kopf blickt er sehnsüchtig hinaus auf das Meer.

Wer waren Santa Maria, Niña und Pinta?

In der Sala delle Meridiane ist der Atem des Kolumbus zu spüren: schwere, dunkle Möbel, Fresken (z. B. Ankunft des Seefahrers in Guanahani), Sonnenuhren und nachgebildete Instrumente wie sie der Entdecker einst benutzte.
In den Arkaden dann Indianer und ihre Gebrauchsgegenstände aus der damaligen Zeit: Krüge, Vasen und Grabbeigaben. Im Flur Fresken mit den Entdeckerschiffen Santa Maria, Niña und Pinta vor der amerikanischen Küste.

Was haben die Indianer mit Indien zu tun?

Eine Version, weshalb die Ureinwohner Amerikas Indianer heißen, ist die, dass Kolumbus glaubte, „hinter Indien" gelandet zu sein. Obwohl Amerigo Vespucci schon 1502 den Irrtum aufklärte, blieb der Begriff erhalten, der neu entdeckte Kontinent wurde aber nach Amerigo nun Amerika genannt.
Eine andere Version für das Wort Indianer ist folgende: Kolumbus soll in einem Brief an den spanischen König die neu entdeckten Menschen als „una gente en dio" bezeichnet haben, als „ein Volk in Gott". Aus „en dio" wurde dann „indio", auf Englisch Indian, auf Deutsch Indianer. Als Beweis der Richtigkeit wird vermerkt, dass damals Indien noch Hindustan hieß, die Eingeborenen wären dann also „Hindúes" gewesen.
In Lateinamerika gibt es diesen Zwiespalt nicht, dort heißen sie indigenas (Eingeborene, Ureinwohner) oder pueblos indigenas (indigene Völker).

Das Leben zur Zeit des Kolumbus

Wieder unten auf der Via Balbi geht es quer rüber über die Via Gramsci zur nächsten Kolumbus-Station, dem **Galata Museo del Mare** [Calata De Mari 1, Darsena, Via Gramsci, Beschreibung des gesamten Museums siehe S. 94].

Im Erdgeschoss ist der gesamte hintere Teil dem Leben in der Zeit des Kolumbus (1451-1506) gewidmet. Ein Modell zeigt den damaligen Hafen, ein Video das bunte Leben am Rande des Meeres, Technik-Fans können in die vielen Details zoomen, per QR-Code können mit entsprechender Software über Smartphone, Tablet etc. Informationen gelesen werden.

Ratespiel: Und wie hat der Seemann ausgesehen?

Kolumbus-Freunde mit spielerischer Natur können über Video und Gemälde der Frage nachgehen, wie der große Seefahrer wohl ausgesehen hat. Da gibt es harte Diskussionen. Soll man dem Zeichner glauben, der auf einem alten Dokument ein Porträt des Kolumbus gezeichnet hat: spitze Nase, große Augen, vorstehendes Kinn? Oder dem gespenstischen Gemälde, auf Video gezeigt: hohe Stirn, scharfer Blick, lange Brauen, starke Nase, kleiner Mund? Oder hat der Maler des eingerahmten Bildes in einer Vitrine Recht: Kolumbus mit schwarzer Mütze, blonden Haaren, starker Nase, kleinem Mund, fragendem Blick und kragenlosem Gewand? Oder sah er aus wie auf dem vorwiegend blauen Porträt, mit schwarzem Hut, blauem Gewand und großen Augen? Die Antwort folgt oben im Kasten.

Sah Kolumbus so aus? Gemälde von Ridolfo del Ghirlandaio (1483-1561)

Quiz: Das wahre Gesicht des Christoph Kolumbus?

Vorab: Das wirkliche Aussehen wird immer ein Rätsel bleiben. Doch zwei Darstellungen von zwei Zeitgenossen sind den meisten Betrachtern am sympathischsten und so könnte der durchsetzungsfähige Abenteurer wohl ausgesehen haben. Das bekannteste Porträt stammt von Sebastiano del Piombi (1485-1547): Kolumbus mit schwungvoller, schwarzer Mütze und den Betrachter fixierendem Blick. Nach Urteilen vieler Kolumbus-Anhänger soll Ridolfo del Ghirlandaio (1483-1561) den ersten Platz bekommen, das Porträt in der Vitrine. So möchten seine Freunde ihn sehen, ein Blondschopf mit festem und doch fragendem Blick. Einfach sympathisch.

Stürmt die Türme der Porta Soprana

Für die Fortsetzung der Kolumbus-Tour ist die Metro zu empfehlen (bitte die permanente Video-Karikatur beachten, Warnung vor Taschendieben und nicht gesicherten Kinderwagen). Einstieg in der Station Darsena, raus an der Piazza de Ferrari. Von dort ein kurzer Abstecher in die Via Dante Nr. 3 zur **Banca d'Italia** [Mo-Fr 8.15-13.30 Uhr]. Den Sicherheitskräften am Eingang freundlich erklären, dass Sie in der Schalterhalle gleich geradeaus das Gemälde mit Kolumbus betrachten möchten. Dort steht er zusammen mit anderen berühmten Seefahrern vor einem großen Globus.
Die Via Dante führt direkt zur Piazza Dante mit der kleinen **Casa di Colombo** [Sa und So 10-18 Uhr, Erw. € 7, Kinder (4-10 J.) € 5]. Hier soll der Seefahrer seine Jugend verbracht haben. Die paar Gegenstände in wenigen Zimmern lohnen den Eintritt allerdings kaum. Gehen Sie gleich weiter und rauf auf die Türme des ehemaligen Stadttors **Porta Soprana** [Via di Porta Soprana, Sa/So 10-18 Uhr, Erw. € 5, Kinder (4-10 J.) € 3].

Von der Eisdiele zu Genuas prächtigstem Palast

Von oben ist bereits die **Piazza delle Erbe** auszumachen, endlich ein Platz für leibliche Genüsse. Auf dem Weg dorthin duftet es bald intensiv nach Schokolade aus der seit 1866 bestehenden **Cioccolateria und Pasticceria Romeo Vioganotti** [Vico dei Castagna 14 r, Tel. +39 010-251 40 61, Mo-Sa 9-19 Uhr]. Sensationell für Naschkatzen. Wer Eiscreme bevorzugt, findet an der Ecke der Piazza Genuas beste Eisdiele, **Il Gelato di Mario** [Vico

Casa di Colombo: Hier soll der große Entdecker gelebt haben

delle Erbe 15, tgl. 11-1 Uhr nachts].
30 Sorten leuchten in allen Farben aus der Vitrine. Auch nach Mitternacht!
Das Gässchen Vico delle Erbe führt zu einem Höhepunkt der Kolumbus-Reise, zum ehemaligen Machtzentrum der Dogen, dem prächtigen **Palazzo Ducale** [Piazza Giacomo Matteotti 9, 16123 Genova, Kunstausstellungen und kulturelle Veranstaltungen, Mo 14-19, Di-So 10-19 Uhr, unterschiedliche Eintrittspreise]. Ziel der Kolumbus-Fans ist die Cappella mit dem Wandgemälde „Colombo pianta la Croce nel Nuovo Mondo" (Giovan Battista Carlone, 1592-1667). Es zeigt, wie Kolumbus bei der Landung auf Guanahani das Kreuz in den Boden rammt, ein Helfer befestigt es, links ist der Aufbau des Lagers zu sehen, rechts die Schiffe der Entdeckungsreise.

Indianer auf dem Deckengemälde im Palazzo Lomellino (siehe rechts)

Mit viel Spaß durch die Altstadt-Gassen

Zur Erholung vom Kunstgenuss geht es jetzt zum nächsten Ziel durch Genuas Gassen mit allerlei Geschäften. Links vom Palazzo Ducale über die Via Tommaso Reggio mit Knick nach links und gleich rechts in die Salita allo Archivescovado. Bald erreichen wir die **Piazza San Matteo** mit der gleichnamigen, weiß (Marmor) und schwarz (Ardesia, eine Art Schiefer) gestreiften Kirche von 1125, in deren Krypta die Gruft und das Schwert von Admiral Andrea Doria (1466-1560) besucht werden können.

Lust auf witzige Kleidung?

Über die Via Chiossone und nach links den Vico del Fieno erreicht man die Piazza di Soziglia, von dort nach rechts die lebhafte, schmale **Via dei Macelli di Soziglia** mit viel Atmosphäre, mit Bars, Restaurants und Geschäften. Wir lassen die etwas verrufene Via Maddalena links liegen und gehen geradeaus Richtung Piazza del Ferro. Aber ein wichtiger Stopp für die kleinen Stadtbummler ist vorher im Haus Nr. 6 „Milla in Bicicletta“ mit den lustigsten Kinderkleidern der Altstadt. Ein Stück weiter ist schließlich die prächtige Via Garibaldi mit ihren zahlreichen Palästen erreicht.

Europa blickt nach Westen

Nun folgt wieder die Kunst. Diesmal aber besonders abenteuerlich und auch für die jüngeren Besucher höchst amüsant und lehrreich im **Palazzo Lomellino** [Via Garibaldi 7, 16121 Genua, Tel. +39 0393-824 62 28 (für Anmeldung außerhalb der Öffnungszeit), www.palazzolomellino.org, offizielle Öffnungszeit 1. Sa im Monat 10-18 Uhr, mit Führung Erw. € 8, Kinder (ab 15 J.) und Studenten € 4]. Nicolosio Lomellino, der von 1563 bis 1569 den Palast baute, verehrte Kolumbus und ließ viele Räume mit Szenen der Entdeckung Amerikas schmücken. Nicolosio war der Schwiegersohn von Adamo Centurione (1486-

Rat der Polizei

Die Via di Pré und die Via Maddalena wirken orientalisch mit vielen Anbietern und Geschäften. Nachts sollte man auf Anraten der Polizei den Besuch meiden. Ich fragte eine Streife, ob es hier tagsüber sicher sei. Die Antwort: „Schickt uns bitte auch am Tag keine Touristen hierher. Es gibt doch so viele schöne Plätze in Genua“.

Preiswert essen in Genua

Von Norden nach Süden:
***Da Mario**, Salita S. Paolo 28 r, Tel. +39 010-25 64 69, mittags und abends, Mi geschl., Touristenmenü mit Getränken € 10, Pasta und Fleischgerichte € 4-6, Coperto (Gedeck) € 1,50.*
***Le Maschere**, Via al Ponte Calvi 2, Tel. +39 010-246 55 03, Pasta ab € 4,50, Fleischgerichte € 6, Flasche Wein € 12, Coperto (Gedeck) € 1,50.*
***Fratelli Klainguti**, Piazza Soziglia 98, Tel. +39 010-247 45 52, Mo-Sa 7-19.30 Uhr, süßes Gebäck aller Art, Eis, Panini € 3.*
***Al Giardino degli Indoratori**, Vico Indoratori 47 r, Tel. +39 010-254 35 36, mittags und abends, So geschl., Mittagsmenü inkl. Getränke € 8, stimmungsvolle Atmosphäre.*
***Birreria Hofbräuhaus**, Via Boccardo 5r, Tel. +39 010-54 29 88, tgl. mittags (außer So) und abends bis nachts. Hat jemand Heimweh? Hier gibt es Würstel und Kartoffelsalat, aber auch Pasta (€ 5,50), Hauptgerichte € 7, Panini ab € 3,50.*
***Via Ravecca**, eine stimmungsvolle Schlemmermeile unterhalb der Porta Soprana; vegetarische Gerichte gibt es bei **Cibielibri**, Via Ravecca 48 r, Tel. +39 0110-246 70 50, Mo-Fr mittags, Salate, Milchshakes, Couscous, Tortillas, Muffins, kombinierte Gerichte € 6,70.*

1568), dessen Familie mit Kolumbus befreundet war und sich vom Seefahrer bereits 1478/1479 mit Zucker aus Madeira beliefern ließ. Die farbenfrohen Fresken des berühmten Malers Bernardo Strozzi (1581-1644) wurden erst 2004 entdeckt, bis dahin waren sie unter einer zweiten Decke versteckt, die 1711 bei einem Umbau eingezogen wurde. Ein Deckengemälde in der Haupthalle zeigt die Allegorie des christlichen Glaubens beim Betreten der Neuen Welt, gestützt von einem Edelmann. Das runde Astrolabium zur Berechnung der Position auf dem Meer (Vorläufer des Sextanten) in seiner rechten Hand weist ihn als Kolumbus aus.

Kannibalen in der Neuen Welt?

Die Szenen in den Lunetten zeigen die wenig sachlichen Vorstellungen Europas von der Neuen Welt. Zwar sind die auf der rechten Wand abgebildeten, mit Federn geschmückten Köpfe, Speere sowie Pfeil und Bogen ziemlich realistisch. Auch die Inka-Mutter ganz rechts wurde gut getroffen, allerdings ist der Löffel, mit dem sie ihr Kind füttert, ein total europäisches Instrument. Das rudimentäre Wissen über die Neue Welt zeigt sich auch in der linken Ecke. In der falschen Annahme, die Eingeboren des neu entdeckten Kontinents seien Kannibalen, zeigt der Künstler einen Indianer, der ein menschliches Bein über dem Feuer grillt. Obwohl zwischen Kolumbus erster Landung (1492) und Strozzis Fresken (um 1640) fast hundertfünfzig Jahre vergangen waren, hielt sich in Europa noch immer das Märchen von den menschenfressenden Indianern.

Tour 7 – Rendezvous mit den Neandertalern

Finale Ligure • Borgio Verezzi • Toirano und seine Grotte • Varatellatal • Bardineto • Colle di Melogno • Gorra • Finalborgo • Mánie mit Grotte

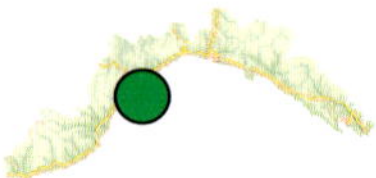

Wo: oberhalb der Strecke Noli-Finale Ligure-Loano – Wie: mit dem Auto, zwischendurch kleine Wanderungen oder Radtouren – Dauer: Tagestour, oder die Abschnitte Borgio/Toirano/Bardineto und Finalborgo/Mánie auf zwei halbe Tage verteilen – Nicht vergessen: Sonnenschutz, Kamera, Notizblock, Jacke oder Pullover

Die Reise beginnt im lebhaften Badeort Finale Ligure, erstes Ziel ist danach Borgio mit der Grotte di Borgio Verezzi. Nach einem Rundgang durch die Gassen von Toirano steht außerhalb des Ortes der Besuch einer zweiten, diesmal weltberühmten Grotte auf dem Programm. Weiter geht es auf die Hochebene von Bardineto. Dort warten im Ort eine museale Überraschung und im Wald versteckte Fresken auf die Besucher. In Calizzano wechseln wir die Richtung, fahren südwärts zum Melogno-Pass und über Gorra ins mittelalterlich geprägte Finalborgo mit seinem sensationellen Museum, das uns in erster Linie das Leben des Neandertalers nahebringt. Zum Abschluss besuchen wir einen Wohnort der vorzeitlichen Menschen, die Arma delle Mànie, wo zahlreiche Fundstücke aus dem Zeitalter des Urmenschen entdeckt wurden.

Tipps für den kleinen Genuss

Kaffee in allen Variationen und für Naschkatzen eine große Auswahl an Bonbons gibt es in Finale Ligure im ***Giovannacci Caffé****, Via E. Rossi 26, Tel. +39 019-69 25 06, tgl. 7.30-20, Juli/Aug 7.30-23 Uhr.*

Für Frühaufsteher gibt es Frühstück ab € 2 und Crêpes bei ***Burgum Finarii Caffé****, Piazza San Biagio 1, Tel. +39 019-69 42 92, Di-So 7-14 Uhr.*

Selbstversorger erhalten typische ligurische Produkte von Gebäck über Pasta bis Wein und Öl bei ***Terre di Mare****, Via Garibaldi 21, Tel. +39 019-251 22 06.*

Beim Strandbummel sind für den kleinen und großen Hunger die ***Bagni Boncardo****, Lungomare Migliorini 2, Tel. +39 019-69 42 21 zu empfehlen: Pasta oder Wiener Schnitzel mit Pommes € 8, Panini oder Piadine ab € 4, Softdrinks € 2,50, Eisbecher € 4, April-Okt tgl. 9-20 Uhr.*

Ein musterhafter Badeort

Zu den lebhaftesten Badeorten Liguriens mit vier Kilometer sauberen Badestränden (siehe S. 25) gehört zweifellos **Finale**

Hier stimmen Preis und Qualität

*Beim Bummel durch Toirano lohnt sich ein Blick auf die Speisekarte des Restaurants **Rosa dei Venti**, Via G. Polla 42, Tel. +39 0182-985 74, tgl. Juni-Sep. Es gibt Pizza ab € 4, Focaccia ab € 3, Pasta ab € 9, Tagesgerichte mit Fisch oder Fleisch ab € 10, Salat € 3, gegrilltes Gemüse € 4, Nachtisch für € 4. Eine Flasche Wein wird schon ab € 9 serviert, Bier (0,4 l) € 4, Softdrinks € 1,50.*

Ligure [Ufficio Turistico, Piazza Porta Testa 1, 17024 Finale Ligure, Tel. +39 019-68 09 54, www.visitfinaleligure.it]. Der Strandboulevard ist von Palmen gesäumt, überall stehen automatische Fahrzeuge für Kinder, Artisten und Clowns unterhalten bis spät nachts die zahlreichen jungen und alten Bummler. Die Altstadt mit ihren hübschen Gassen ist voller Boutiquen, Lebensmittelgeschäften, Bäckereien, Bars und Restaurants. Überragt wird die Stadt von der Festung Castelfranco (1359), deren Mauern fast bis zum Meer reichen.

Von Tropfsteinen, Handwerkern und Tyrannen

Gleich am ersten Ziel geht es im Ort Borgio in die Unterwelt, in die zauberhafte **Grotte di Borgio Verezzi**, in denen Tropfsteine im Laufe von Jahrtausenden fantastische Gebilde gezaubert haben (siehe S. 86). Nur 15 Kilometer landeinwärts sind es bis zum vor allem durch seine Grotte bekannten sehenswerten, mittelalterlichen **Toirano** [IAT, Piazzale Grotte, 17055 Toirano, Tel. +39 0182-98 99 38, toirano@inforiviera.it]. Auch wenn der Besuch der Tropfsteinhöhle lockt, macht es Spaß, zunächst durch die mit Stützbögen gegen Erdbeben gesicherten Gässchen des historischen Zentrums zu schlendern, von einem Platz zum anderen zu wandern und auf der Piazza Libertà vor dem Denkmal zu Ehren der Partisanen nachdenklich stehen zu bleiben. Der Künstler ehrt die Freiheitskämpfer Liguriens, fälschlicherweise als Banditen und Rebellen verschrien, heute bewundert als Kämpfer gegen die Tyrannei.

In der Via G. Polla befindet sich das Völkerkundemuseum, das **Museo Etnografico della Val Varatella** [Via G. Polla,

Unter Bögen hindurchschreiten im mittelalterlichen Toirano

17055 Toirano, Tel. +39 182-98 99 68, tgl. 10-13 und 15-18 Uhr. Erw. € 2, Kinder (5-14 J.) € 1, mit Besuch der herrschaftlichen Räume € 1, deutsche Texte]. Die Sammlung zeigt, welche Handwerke des Varatella-Tals früher die Familien ernährten: die Arbeitskissen der Stickerinnen und Klöpplerinnen, die Pressen und Mahlwerke der Olivenbauern und der Winzer, die vielfältigen Werkzeuge der Schmiede und Schlosser, die Leisten (Schuhformen), Revolverlochzangen, sowie Ösen-, Haken- und Druckknopfeinsetzmaschinen der Schuhmacher, eine Werkstatt voller Geheimnisse und uns heute kaum mehr bekannter Arbeitsgeräte.

Hier sind 12-Jährige noch Babys

In den Gassen Toiranos gibt es zahlreiche Bars und Restaurants. Weil gut und preiswert, empfehle ich die über dem Partisanen-Denkmal liegende ***Pizzeria/Trattoria Il Portico****, Piazza della Libertà 10, Tel. +39 182-98 97 69, Mo geschl. Die freundliche Bedienung bietet das „Baby-Menü" für Kinder bis 12 Jahren an, € 7. Große Pizza-Auswahl und Focaccia ab € 4, Pasta € 9, mit Grotten-Ticket 10 % Nachlass.*

Mit fünf Jahren schon bügeln

Interessant ist die im Museum erzählte Geschichte des Wohltäters Giuseppe Polla (1661-1716), nach dem draußen die Straße benannt wurde. Er setzte sein gesamtes Vermögen für den Bau von Schulen ein, die kostenlos besucht werden konnten. Edel eingerichtete Zimmer sind zu bestaunen, eine alte Standuhr, nach der man heute noch seine Armbanduhr stellen kann. Und man erfährt, dass die Besitzer des d'Aste-Palastes, die teilweise tyrannischen Marquesen del Carretto, als Dienerschaft für einen Hungerlohn 5-jährige Mädchen zum Bügeln und 7-jährige Jungen zum Melken verpflichteten. Wer an das lehrreiche Völkerkundemuseum weiterhin erinnert werden möchte, kann an der Kasse freundlich nach dem Museums-Plakat fragen. Außerhalb des Ortes, gut ausgeschildert, geht es in die kühle Unterwelt der **Grotte di Toirano**, deren Tropfsteinhöhlen zu den fantastischsten der Welt gehören (siehe S. 87). Hier wurden uralte Spuren von Menschen und Tieren entdeckt. Nach den gefundenen Knochenfragmenten zu urteilen wurden einige Grotten des großen Höhlensystems schon vom Homo heidelbergensis (vor 350.000-380.000 Jahren) und später auch vom Neandertaler (vor 130.000-30.000 Jahren) bewohnt.

Völkerkundemuseum (Museo Etnografico della Val Varatella) in Toirano

Neandertaler in den Höhlen Bardinetos

Über das in hohe Felsen eingezwängte Varatella-Tal ist nach etwa 20 Kilometer eine Hochebene (711 m) erreicht, mitten drin das historische **Bardineto** [I.A.T., Piazza della Chiesa 6, 17057 Bardineto, Tel. +39 19-790 72 28, www.comunedibardineto.it]. Im Gewirr der Caruggi, der engen Gassen des Ortes, zeigen 50 künstlerische Keramikplatten Szenen der Geschichte Bardinetos. Sie reicht weit zurück: „Der Mensch von Neandertal lebte auch in den Höhlen unserer Berge“, verkündet der Ortsprospekt voller Stolz. 80 vorgeschichtliche Wohnstätten liegen in der karstigen Landschaft, die größte ist die Höhle **Buranco di Bardineto**. Zwei verschiedene Wege führen durch das unterirdische System. Massimiliano vom Restaurant Maria

Gut essen und den Geldbeutel schonen

Wer von der Küste kommt, wo die Restaurantpreise oft Schwindel erregen, wird in den Bergen bzw. in Bardineto seinen Augen kaum trauen. Beispielsweise im Restaurant ***Maria Nella****, Via Cave 1, 17057 Bardineto, Tel: +39 19-790 70 17 (auch mit Hotel für Wanderfamilien, siehe S. 111). Das Wanderer-Menü kostet mit Getränken € 12, Pasta gibt es ab € 6, Fleischgerichte ab € 8. Qualität und Quantität erfüllen jeden Anspruch und stillen jeden Hunger.*

Besuch der Neandertaler-Grotte L'Arma delle Mánie

Nella (siehe Kasten) organisiert für Familien eine Besichtigung. Wer sich für die Volkskunde des Ortes und seiner Umgebung interessiert, findet in der Ortsmitte ein Museum mit der unübertroffenen Sammlung des Ehepaares Silvana und Edo Lombardini. Über die Öffnungszeiten ist sich die Gemeinde noch nicht einig, doch der Angestellte Mario Maregno (Adresse siehe oben) öffnet gerne die Türen. Notfalls im Restaurant Maria Nella bei Massimiliano um Vermittlung bitten. Das gilt auch für den Besuch der im Wald versteckten **Kirche di San Nicolò**, für die Mario Maregno die Schlüssel hat. Eine kunsthistorische Überraschung, die auch Kindern Freude machen wird, sind die gut erhaltenen Fresken mit Darstellungen, die bestimmt noch lange in der Familie für Gesprächsstoff sorgen werden (siehe S. 88).
Der Rückweg geht über **Calizzano** (dessen gutes Mineralwasser überall zu bekommen ist) zum **Melogno-Pass** (1.028 m). Die abwechslungsreiche Tour

führt durch einen Schatten spendenden Märchenwald. Dort blühen Heckenrosen sowie Ginster und unter dem Buschwerk entdeckt das aufmerksame Auge Orchideen und Glockenblumen. Wer viel Glück hat, sieht vielleicht auch eine Eidechse oder einen Feuersalamander durch das Gebüsch huschen.

Hier wird der Neandertaler wieder lebendig

Im Straßengewirr von **Gorra** weisen Schilder den Weg zum nur drei Kilometer entfernten mittelalterlichen **Finalborgo** [I.A.T., Piazza Porta Testa s/n, 17024 Finalborgo,Tel. +39 019-68 09 54, finalborgo@inforiviera.it]. Ein Spaziergang durch das schmucke Städtchen macht Appetit, denn überall duftet es nach Fladenbrot, hinter den Schaufenstern locken Süßigkeiten, lecker gefüllte Panini und prall gefüllte Eistheken. Finalborgo ist ein Schlemmerstädtchen. Doch nicht nur für Feinschmecker, sondern auch für Kinder und Erwachsene, die den Neandertaler suchen. Ihm gewidmet ist ein großer Teil des **Museo Archeologico del Finale** im Kloster Santa Caterina. Die ganze Erdgeschichte wird hier leicht verständlich vorgeführt, die Entwicklung der Menschheit und vor allem alles über das harte Leben des Neandertalers (siehe S. 89).

Wo die Steinzeitmenschen wohnten

Nach dem Exkurs über den Menschen der Altsteinzeit sind besonders die jüngeren Museumsbesucher neugierig darauf zu sehen, wo die Neandertaler damals lebten. Wir machen uns also auf den Weg zu den Grotten der Mánie-

Zauberwort für Eisschlecker: Chiffero

In Finalborgo werden Eisträume wahr: ***Chiffero*** *(sprich Kifero) ist Speiseeis aus Crème Caramel mit Chiffero-Gebäck gemischt und mit Mandelsplittern dekoriert. Unübertroffen, auch wenn die Portion € 2 kostet. Zu haben bei der* ***Bar Centrale****, Via Torcelli 28, tgl. 7-14 Uhr, Di (außer Juli/Aug) geschl. Den Hauptgeschmack liefert das Mandelgebäck Chiffero, gebacken wird es in der* ***Pasticceria Martini****, Via Brunenghi 188, 7.30-13 und 16-19.30, Mo geschl.*

Hochebene. Rund zehn Kilometer sind es auf der SP 45 von Finalborgo nach **Mánie**, rundum ein wunderbares Wandergebiet. Nach einigen Kurven alle gut aufpassen, denn bald zeigt ein Hinweis nach rechts zur **Trattoria La Grotta** [Località Mánie 15, 17024 Finale Ligure, Tel. +39 019-69 84 57, Do geschl.]. Dort kann man parken.
Am Gasthaus führt ein steiniger Weg links abwärts, nach etwa 100 Meter Augen zu, ein paar Schritte blind, und dann öffnet sich eine hohe breite Felswand als Dach der Neandertaler-Grotte (L'Arma delle Mánie). Den kleinen Familienmitgliedern fallen bei diesem Anblick fast die Augen aus dem Kopf! Hier haben sich die Steinzeitmenschen also nach der Jagd aufgehalten.
Das Felsendach schützte vor Hitze und Regen, ein Feuer vor Kälte. Mit geschichteten Steinen schufen sie sogar

abgeteilte Schlafstätten. Die heute vorhandenen Mauern stammen allerdings von Bauern der Gegend, die in der Grotte auch alte Fuhrwerke und ausgedientes Werkzeug lagern.

Die Jagd, das Feuer und die Arbeit der Kinder

Aus den grauen, braunen und grünen Felsen ragen auch Büsche heraus. Gab es sie schon vor 30.000 und mehr Jahren? Während lange Zeit angenommen wurde, der Neandertaler habe nur Fleisch gegessen, beweisen neue Funde das Gegenteil: Sogar Heilpflanzen soll der Urmensch gesammelt haben.
Vom Dach der gigantischen Grotte konnten die Steinzeitmenschen auch das Meer zwischen den heutigen Orten Finalpia und Noli sehen. Muschelschalen in den Grotten der Mánie-Hochebene beweisen, dass auch Fische und andere Meerestiere zur Nahrung gehörten.
Um für die Familie reichlich Fleisch zu haben, wurden längere Treibjagden mit Übernachtung in Zelten veranstaltet. Feuer wurde durch Gegeneinanderreiben von Feuerstein und Pyrit und mit Baumpilzen als Zunder gemacht. Am meisten gejagt wurden Wildpferde, Höhlenbären, Wisente und Mammute. Auch Rentiere, Fellnashörner, Wildesel und Rothirsche gab es während der verschiedenen Eiszeiten. Nach der Jagd kehrten die Familien wieder in ihre Grotten zurück. Die Kinder, mit 15 Jahren schon ausgewachsen, sammelten Feuerholz, halfen den Frauen beim Sammeln von Beeren, Nüssen und Pilzen. Am Abend briet man Fleisch am Feuer, die Kinder tanzten noch eine Weile um die Glut, dann legten sie sich in einer Ecke der Felswohnung auf das Lager aus getrocknetem Gras und wurden von der Mutter mit einer Felldecke aus Mammut- oder Bärenfell zugedeckt.

Im Museo Archeologico in Finalborgo: Neandertaler treffen auf den Homo sapiens

Tour 8 – Wo die Römer Ruhe fanden

Alassio • Kirche Santa Croce • Via Julia Augusta • Albenga

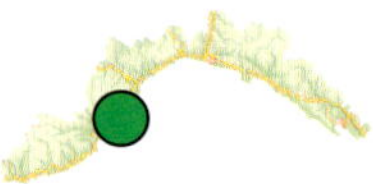

Wo: zwischen Alassio und Albenga, parallel zur Küste – Wie: zu Fuß oder mit dem Mountainbike – Dauer: zu Fuß zwei Stunden (7 km) ohne Anmarsch von Alassio und Abmarsch nach Albenga, je eine halbe Stunde – Nicht vergessen: gutes Schuhwerk, Sonnenschutz, im Herbst und Frühjahr Windjacke, ausreichend Proviant und Getränke, Kamera, Pflanzen-Bestimmungsbuch.

Wer sich vom Strand, den Parks und Gassen Alassios losgerissen hat, erreicht den Beginn der Straße Via Julia Augusta oben an der Kirche Santa Croce. Den Vorplatz der Kirche erreicht man per Auto über die Strada Panoramica Santa Croce oder im Osten der Stadt über die Via Piave zur Strada Romana Santa Croce. Letztere ist speziell für Fußgänger zu empfehlen. Von der Kirche aus ist der gut ausgeschilderte Römerweg nicht zu verpassen. Autofahrer müssen ab Albenga auch den Rückweg zum Fahrzeug berechnen. Fußgänger machen eine Rundtour, nehmen am Zielort Albenga den Zug oder den Bus zurück nach Alassio.

Auf der Suche nach berühmten Namen am Muretto in Alassio

Prominenz am gekachelten Mäuerchen

Abgesehen vom Badevergnügen am Strand mit feinem Quarzsand (siehe S. 27) gibt es für Familien vieles zu entdecken in **Alassio** [Touristeninformation, Via Mazzini 68, 17021 Alassio, Tel. +39 0182-64 70 27, www.visitriviera.it, www.inforiviera.it]. Das erste Ziel aller Neugierigen gilt in der Via Dante dem Muretto, dem Mäuerchen von Alassio, gekrönt von einem bronzenen Liebespaar (siehe S. 29). Erfunden hat die Bepflasterung der Mauer mit Keramikfliesen in den 1950er-Jahren der Besitzer des gegenüberliegenden Caffè Roma. Der Maler Mario Berrino wollte damit prominente Besucher seines Kaffeehauses ehren, als ersten den Schriftsteller Ernest Hemingway. Heute muss man ein wenig suchen, um berühmte Namen zu finden. Eltern und Großeltern werden sich an Giovanni

Auch eine Statue des Schauspielers Charlie Chaplin gibt es in Alassio

Guareschi erinnern, den Autor der verfilmten Geschichten über Don Camillo und Peppone. Kunstbeflissene kennen den Schriftsteller, Regisseur und Maler Jean Cocteau, dessen schnittiges Profil auf seiner Kachel ins Auge sticht. Die Jüngeren fragen sich am Mauerabschnitt **Muretto dei Bambini**, wie einem solch eine Ehre zuteilwerden kann. Ganz einfach, nur nachmachen: Ivan Origone erreichte 2005 beim Speedski-Weltcup in der Junior-Klasse den 3. Platz, Oreste Castagna schrieb Shows und Theaterstücke für Kinder, Geronimo Stilton heißt eine Kinderbuch-Reihe mit der sprechenden Maus Geronimo. Wenn jetzt der Kopf brummt – nebenan wartet ein großer Spielplatz für Entspannung. Er liegt auf dem **Parco Charlie Chaplin**. Aber wo steht der Namensgeber? Er trägt auf dem Sockel den Namen „Charlot", der französische Begriff für Tramp, nach dem berühmten Film „Der Vagabund".

Kaufrausch auf dem Budello

Dann aber los zum **Budello**, mit zwei Kilometer die längste Einkaufsstraße Italiens. Budello bedeutet „Darm", weil

Tipps für Kids

Lustige Kleidchen in Schnitt und Farbe gibt es bei ***Timelù*** *(Via XX Settembre 44, Tel. +39 0182-64 68 25); hervorragende Eiscreme nach Familienrezept und heiße Schokolade bietet das* ***Café Alberto Marchetti*** *(Via XX Settembre 48, www.albertomarchetti.it, Mi geschl.); Bonbons aus aller Welt locken im* ***Le Caramelle dei Pirati*** *(Via Vittorio Veneto 94, im Sommer tgl. bis 1 Uhr nachts, Selbstbedienung, 100 Gramm € 2,90). Preiswerte Kindergerichte gibt es parallel zur Einkaufsstraße Budello an der Strandpromenade bei* ***Albatros*** *(Passegiata D. Grollero 4, Tel. +39 0182-64 42 34, Mo und Di geschl., Pizza ab € 6, Crêpes für € 4) und bei* ***Movida*** *(Passegiata D. Grollero 14, Tel. +39 0182-64 04 70, tgl. mittags und abends, Pizza ab € 5, Pasta € 10).*

sich die Shoppingmeile mitten durch die Stadt schlängelt. Offiziell heißt der Budello Via XX Settembre und verläuft parallel zur Küstenlinie. Hier werden alle Wünsche erfüllt, seien es Mode- oder Antiquitätenläden, Bars oder Restaurants. Eine Spezialiät des Ortes sind die Baci di Alassio, eine Leckerei aus Haselnüssen und Honig mit einem Schokoladenherz. Alle Konditoreien behaupten, die „echten" Küsschen anzubieten, doch der wahre Erfinder ist Rinaldo Balzola (1911-1987). Seine Nachfolger hüten das (fast) geheime Rezept in der **Pasticceria e Gelaterie Balzola** [Piazza Giacomo Matteotti 26, Tel. +39 0182-64 02 09, www.balzola.net]. (Weitere Tipps im Kasten auf S. 69.)

Die Spur der Römer

Jetzt sind aber die Römer dran. Ihre im Jahr 13 v. Chr. von Kaiser Augustus (63 v. Chr.-14 n. Chr.) gebaute Straße verband das heutige Italien mit der Provence und den Provinzen der Iberischen Halbinsel. Sie wurde vermutlich als Alternative zur näher am Meer verlaufenden Via Aurelia gebaut, um möglichen Piratenüberfällen aus dem Weg zu gehen. Reste der alten Straße aus groben Steinen, die bereits von den Stiefeln römischer Legionäre betreten wurden, sind auf unserer Wanderung deutlich zu sehen.

Am alten Kirchlein Santa Croce beginnt der Römerweg

Die Tour beginnt an der romanischen Kirche Santa Croce. Sie wurde im 11. Jahrhundert von Benediktinermönchen errichtet. Die Mönche lebten damals auf der Insel Gallinara, die während unserer Wanderung immer wieder zu sehen ist. Nach der Restaurierung ist das tagsüber geöffnete Gotteshaus ein würdiges Entrée für den hinter einer Steinpforte beginnenden Römerweg.
Die ersten zwei Kilometer sind asphaltiert, da hier einige Wochenendhäuser stehen. Das bietet den Wanderern die Gelegenheit, nicht wie später auf den holperigen Weg zu schauen, sondern auf den Jachthafen von Alassio und bald auf die Insel Gallinara. In der Nähe dieses Eilands wurde das Wrack eines römischen Frachtschiffes aus der Zeit des Straßenbaus gefunden. Es kann im **Römischen Schiffsmuseum** von Albenga (siehe S. 98) besichtigt werden.
Jetzt ist auch Zeit, die pralle Vegetation, den Mischwald aus Eichen, Steineichen, Eschen, Pinien und Kastanien zu genießen und die Blumenpracht abzulichten: die Weißliche Zistrose, die Margeriten, Glockenblumen und Anemonen.
Weniger bekannt sind die Büsche der Wunderblume mit ihren länglichen lila-roten Blüten, die sich nachts öffnen und duften und vormittags gegen 11 Uhr schließen. Im Herbst fallen die vielen runden schwarzen Samen auf, die zu Hause im April ausgesät werden können.

Am Fluss Centa kann man die Fundamente einer römischen Therme entdecken

Ruinen der römischen Nekropolen

Wo sich eine Reihe prächtiger Agaven sowie stachelige Opuntien versammeln, beginnt nun der schmale, naturbelassene Wanderpfad. Ein Zaun grenzt von der Zufahrt zu einem Platz für Dauercamper ab. Ein kleiner Wasserlauf überquert den Weg, dann gibt es immer wieder alte, unterschiedlich große Wackersteine – hier müssen Mountainbiker manchmal absteigen –, die schon vor mehr als 2.000 Jahren den Römern als Befestigung des Bodens dienten, bis heute erhaltene Stücke der **Via Romana Julia Augusta**. Auf diesem Wegstück wurden früher die toten Römer in stattlichen Nekropolen beerdigt. „Edificio A", die erste und größte Grabstätte neben dem historischen Weg, zeigt Reste von sogenannten Kolumbarien, Nischen für die Ascheurnen. Wer sich die auf dem Weg links liegenden Friedhöfe in ihrer ursprünglichen Gestalt vorstellen möchte, braucht reichlich Fantasie, Informationstafeln helfen allerdings dabei. Spannender wird es jedoch, wenn wir hier schon verraten, dass alle Funde von Grabbeigaben (vorwiegend Gegenstände aus feinstem Glas) im **Palazzo Oddo** in Albenga im Rahmen der Dauerausstellung „Magiche Trasparenze" gezeigt werden (siehe S. 99).

Picknick und die Ernte von unterwegs

In manchen der umzäunten Nekropolen wurde Platz für das Familien-Picknick gelassen. Veilleicht hat der ein oder andere unterwegs Früchte oder Beeren gesammelt? Kleine rotbackige Äpfelchen zum Beispiel. Beim Bissversuch fällt der Speierling allerdings durch: zu sauer, zu viel Gerbsäure. Doch im Frankfurter

Raum wird er noch für den Apfelwein verwendet. Die tiefschwarzen Beeren, die häufig in Augenhöhe wachsen, bitte schnell wegwerfen – sehr giftig! Obwohl die Kermesbeere lange Zeit zum Färben von Wein verwendet wurde.
Zubeißen dürfen alle aber bei den gebogenen, dunkelbraunen Schoten. Es sind Karuben, Früchte des von den Römern eingeführten Johannisbrotbaumes, sehr schmack- und nahrhaft. Johannes der Täufer soll sich damit bei seinem Aufenthalt in der Wüste ernährt haben. Aber Vorsicht, die glatten schwarzen Kerne sind sehr hart.
Als Lebensmittelzusatzstoff findet das Mehl, das aus den Kernen gewonnen wird, heute wieder Verwendung. Das Gewicht der Kerne beträgt übrigens durchweg 0,2 Gramm und wurde deshalb von den Arabern als Wägeeinheit für Diamanten und Gold genutzt (arab. qiràt, gr. kerátion = Hörnchen = Samen der Karuben), das heute noch gebräuchliche Karat (0,2 Gramm).

Stadttor zur Altstadt an der Piazza Garibaldi in Albenga

Die Schätze von Albenga

Vor allem für jene, die ihr Auto in Alassio auf der Piazzetta Santa Croce stehen haben, wird es Zeit, den Rückmarsch anzutreten. Wanderer, die nach Albenga weitergehen, erreichen die Stadt über eine steile, von den Römern in die Erde gerammte Piste, die auf eine Fahrstraße mündet. An ihrem Ende ist rechts das Tor zu einem großen Privatgrundstück zu sehen. Dort steht der sehenswerte „Pilone" (großer Pfeiler), ein zu einer Nekropole gehörendes Grabmonument. Viel weiter oben, in der Nähe der Privatvilla, schlummern die Reste eines Amphitheaters. Wer beim Agroturismo klingelt, darf eintreten, bis zum Pilone lohnt es sich. Beim Rückweg ist das Eisengatter geschlossen, öffnet sich beim Nähertreten aber automatisch.
Über die neue, orangefarbene Bogenbrücke geht es in die Stadt **Albenga** [Touristeninformation, Piazza del Popolo 11, Tel. +39 0182-55 84 44, www.visitriviera.it, www.inforiviera.it]. Ein Hochwasser hat die alte Steinbrücke weggeschwemmt, beim Neubau kamen die sehenswerten Ruinen einer römischen Therme zum Vorschein (links von der neuen Brücke).
Den Weg zur Innenstadt des von den Ingauni, einem ligurischen Stamm gegründeten Albingaunum (siehe S. 120) weisen drei von ursprünglich zwölf Stadttürmen. Klein kommt man sich vor diesen Kolossen vor. Menschliche Maße dann wieder im **Battistero**, einer alten Taufkapelle, und dem benachbarten **Museo Diocesano** [Via Episcopio 5, Mitte Juni-Mitte Sept Di-Sa 10-12 und 17-19, So 17.30-19.30 Uhr, Mitte Sep-Mitte Juni Di-Do 10-12 und 15-17, Fr/Sa 10-12 und 15-18 Uhr. Eintritt für zwei Erw.

€ 5, Kinder (6-18 J.) € 3,50 (Audioguide demnächst auch in deutscher Sprache)]. Im Battistero zieht ein wunderschönes Mosaik aus dem 5. Jahrhundert über der Chornische alle Blicke auf sich, auf dem die Apostel als Tauben dargestellt sind. Anschauungsunterricht auch für die Jüngsten bietet das Diözesanmuseum. Im Saal des Verzure sollte auf der „Kreuzigung des Sant Antonio Abate" (Raffaele de Rossi) die Darstellung der Stadt Albenga zu Beginn des 16. Jahrhunderts gesucht werden. Die alte Brücke ist jene, die bis vor ein paar Jahren den Fluss Centa überspannte. Sie wurde in der Nacht vom 4. auf den 5. November 1994 Opfer einer großen Überschwemmung. Weiter sehenswert sind die Fresken in der Kapelle, die bis vor einiger Zeit unter einer herabgezogenen Decke verborgen waren. Geschichten aus der Kindheit von Moses entdecken scharfe Augen auf dem feinen Gewebe der Wandteppiche im Gobelinsaal.

Albengas Wahrzeichen: die Türme des alten Rathauses und der Kathedrale

Gallinara im multimedialen Blickpunkt

Auf dem Weg zum Lungomare Colombo steht auf der Piazza Europa eine kleine Burg, der Fortino Genovese, neuerdings mit dem **Museo dell'Isola Gallinara** [Piazza Europa, tgl. 9-12 und 15-19 Uhr, € 2, bis 13 J. frei]. Die Geschichte der nach wilden Hühnern benannten Insel Gallinara erleben die Besucher in einer spannenden multimedialen Schau: Pflanzentafeln auf den Tisch gelegt, zaubern die Botanik der Insel auf den Bildschirm, auf dem Fußboden wird die fischreiche Unterwasserwelt sichtbar, im Video-Skype-Verfahren (mit Kamera) kann man sich selbst beim Rundgang über das Eiland betrachten. Immerhin ein Ersatz für den verbotenen Zutritt, denn die Insel Gallinara ist Privatbesitz und leider nur bei vereinzelten Führungen zugänglich.

Das historische Albenga verlangt mehrere Besuche, um alle Schätze zu würdigen. Dazu gehören auch das **Museo Navale Romano** (siehe S. 98) mit der aus einem Schiffswrack geborgenen Ladung sowie die Dauerausstellung „Magiche Trasparenze" im **Palazzo Oddo** (siehe S. 99) mit den Grabbeigaben aus den römischen Friedhöfen, die den Römerweg flankieren.

Tour 9 – Leichte Rad- oder Wandertour mit Badepausen

San Lorenzo al Mare • Santo Stefano al Mare • Riva Ligure • Arma di Tággia • Abstecher Tággia und Bussana Vecchia • San Remo

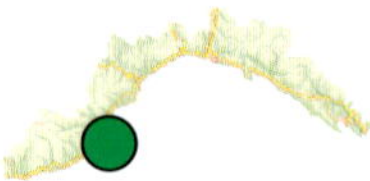

Wo: an der Riviera dei Fiori, direkt am Meer zwischen San Lorenzo und San Remo/Ospedaletti – Wie: zu Fuß bzw. mit eigenem oder geliehenem Rad, Rikscha oder Inlineskates – Dauer: beliebig einzuteilen – Nicht vergessen: Sonnenschutz, Badesachen, leichtes Schuhwerk, Wasser und Snacks, Jacke für die Tunnel

Die „Passegiata al Mare" ist ein 24 Kilometer langer Rad- und Wanderweg auf der ehemaligen Bahntrasse. Er ist eben und gut asphaltiert – also ein Vergnügen auch für die jungen Radler und Wanderer, für Jogger und Eltern mit Buggy. Mietstationen für Räder und andere Fahrzeuge (siehe Kasten) sind über die ganze Strecke verteilt. Die Rückgabe ist auch bei unterschiedlichen Vermietstationen möglich, wenn sich die Radler beispielsweise mit dem Auto abholen lassen wollen. Unterwegs entlang der Blumenriviera locken immer wieder schöne Strände zu einem erfrischenden Bad. Auch Abstecher zu den an der Strecke liegenden Städten für einen Bummel durch die Gassen sind meistens einfach. Bei einer Geschwindigkeit von 10 km/h brauchen Radfahrer für die Strecke (ohne Zwischenstopps) 2 Stunden und 20 Minuten, die Höchstgeschwindigkeit ist auf 20 km/h festgelegt. Weitere Informationen unter: www.pistaciclabile.com.

Fahrräder kann man an Stationen auf der Strecke mieten (siehe Kasten)

Proviant nicht vergessen

Die fröhliche Strampel- oder Wanderreise beginnt beispielsweise in **San Lorenzo al Mare** [Comune, Via Vignasse 22, 18017 San Lorenzo Al Mare, Tel. +39 0183-912 10, www.comune.sanlorenzoalmare.im.it]. Vor Beginn der Tour lohnt sich ein Bummel durch die ligurischen Gassen (Caruggi) der autofreien Altstadt, wo sich die Gruppe mit Proviant eindecken kann. Unbedingt sehenswert ist die **Kirche Santa Maria Maddalena**, das berühmteste Bauwerk der Stadt in ligurisch-barockem Baustil. Hier soll die biblische Magdalena auf ihrer Flucht nach Marseille Halt gemacht haben.
Die Kirche liegt so nahe am Meer, dass der Turm wegen der salzhaltigen Luft häufig restauriert werden muss.
Kurz nach dem Start wird es lustig im eineinhalb Kilometer langen, beleuchteten Tunnel. Übrigens mit gutem Echo! Der erste Stopp, im Schatten duftender Pinienhaine, ist in **Santo Stefano al Mare.** Infos bei [Comune Lungomare E. D Albertis 4, 18010 Santo Stefano al Marc, Tcl. +39 0184-48 64 88, www.comune.santostefanoalmare.im.it]. Der Ort liegt am „Golf der Türme" (Golfo delle Torri) und hat nicht wie sonst einen runden, sondern am östlichen Ortsrand einen achteckigen Sarazenenturm zu bieten. Diese Türme wurden nicht von den Sarazenen gebaut, sondern von Genuesern zur Abwehr lästiger Piratenüberfälle.
In der Altstadt ist ein Bummel durch einen typisch ligurischen Carrugio, über die Via Roma zur Piazza Cavour, zu empfehlen und dort ein Besuch der kleinen **Pfarrkirche Santo Stefano**. Beliebt ist sie vor allem wegen ihrer Spitzbogengänge und den schmalen Pfeilern. Wenn Sie sich jetzt schon im kühlen Nass erfrischen möchten, ist **Vittoria Beach** ein guter Tipp.

Mietstationen, Fahrzeuge und Preise

Informationen über die Mietstationen gibt es bei www.nolobici.it. Außer normalen Fahrrädern werden Tandems, Elektromotor-Fahrräder, Dreiräder, zwei- bis sechssitzige Rikschas, Inlineskates für Kinder und Erwachsene, Skateboards, Kinderanhänger und Kindersitze angeboten. Ein paar Preisbeispiele 2 Stunden/halber Tag/ganzer Tag: Klassisches Fahrrad € 5/10/15, Mountainbike € 6/12/16, Fahrräder mit Elektromotor € 8/15/20, Dreirad € 8/15/20, Tandem €10/20/30, Kinderfahrrad € 3/5/10, Rikscha (4 Plätze) € 22/40/60, Skateboard € 3/5/8, Kindersitz € 3/4/5, Kinderanhänger € 6/10/12. Die gute Karte „Geh- und Radweg und Küstenpark" verteilen die Info-Ämter (www.visitrivieradeifiori.it).

Und die Kameras machen „klick"

Ohne sichtbaren Übergang folgt der hübsche, mittelalterliche Badeort **Riva Ligure.** Infos bei der Comune, [Piazza Matteotti 19, Tel. +39 0184-482 01, www.comunedirivaligure.it]. Auch hier wieder das fotogene Stadtbild: eine Palmenallee

Fast 600 Jahre alt: die Brücke Ponte Medievale in Tággia

mit kleinen Plätzen, schmale Gassen und auffallend eng aneinanderstehende, sehr hohe Häuser. Breiter und prächtiger wird es hingegen an der Piazza Matteotti mit dem **Palazzo Carrega** aus dem 17. Jahrhundert. Heute ist er Sitz der Gemeindeverwaltung und auch Informationsstelle für Urlauber.

Nicht weit von hier lädt ein natürlicher Pool zum Baden ein. Der familienfreundliche Strand wird durch drei Wellenbrecher vor stürmischer See geschützt. Auffallend viele wandernden Familien machen hier Rast, die Radfahrer hingegen treten noch einmal in die Pedale, um den nächsten Ort zu erreichen – das in der Mitte der Blumenriviera liegende **Arma di Tággia** [Tourist Information Point, Villa Boselli, Via Paolo Boselli 1, 18018 Arma di Taggia, Tel. +39 0184-437 33 oder +39 338-691 33 35 (mobil), www.taggia.it]. Die Ausflügler sollten hier an der Uferpromenade vor der Kirche San Giuseppe den kleinen Sandstrand besuchen, der sonst fast nur von den Einheimischen und den Fischern besucht wird. Hier stellen sie die Gozzi, ligurische Fischerboote und kleine Segelboote ab – immer wieder ein willkommenes Fotomotiv.

Die alte Brücke, die Taggiasca und die schwarzen Portale

Ein interessanter Abstecher (3 km) bringt Radler und Wanderer auf ausgebauter Piste am Fluss Argentina entlang nach **Tággia** [Infos siehe Arma di Taggia, links]. Der erste Weg (wichtig für alle Amateurfotografen) führt zum **Ponte Medievale**, der mittelalterlichen Brücke aus dem 15. Jahrhundert. Die Brücke mit insgesamt 15 Bögen ist zwar nicht römischen Ursprungs, wie oft behauptet wird, trotzdem ist der steinerne 300-Meter-Weg über den Bergfluss Argentina ein schönes Erlebnis mit toller Aussicht. Gleich in ihrer Nähe befindet sich die Ölmühle Nuvolone (siehe

Kasten). Tággia ist nämlich berühmt für seine kleine, schmackhafte Olive „Taggiasca“, aus der ein weltbekanntes Olivenöl Extra Vergine gepresst wird. Nicht verpassen dürfen die an Kunst interessierten Familienmitglieder außerhalb der Stadtmauer den **Dominikanerkonvent mit Museum** [Piazza Beato Cristoforo, Mo-Sa 9-12 und 15-18 Uhr]. Sehenswert in einer Seitenkapelle des Altarraums ist „Die Anbetung der Könige“ von Parmigianino (1535). Das Gemälde wurde 1994 gestohlen und vor wenigen Jahren wiedergefunden.
Beim Spaziergang durch das Kloster werden im Refektorium und im Kapitelsaal Fresken des Künstlers Giovanni Canavesio (1480-1550) begeistern (siehe auch S. 82). Sehenswert sind auch die Fresken des einheimischen Künstlers Ludovico Brea (um 1450-1523) in der Bibliothek. Beim Bummel durch die dunklen Gassen der Altstadt sind die Portale mit schönen Basreliefs der teils verfallenen Adelspaläste beachtenswert, sie wurden aus dem schwarzen Schiefer Liguriens (Ardesia) gehauen, z. B. Via Lercari 10 sowie Via San Dalmazzo 103 und 147.

Kaufen und essen in Tággia

Bestes Olivenöl und eingelegte Oliven, auch als Geschenkpackung, gibt es im ***Frantoio Nuvolone*** *(Via Lungo Argentina 121, Tel. +39 0184-421 95, www.frantoionuvolone.it). Für die Einkehr zu empfehlen:* ***Bar Pizzeria Globo****, Via Anfossi Ottimo 2, Tel. +39 0184-47 53 87), preiswerte Tagesgerichte, auch Pizza und Focacce.* ***Bar Sport****, Piazza Eroi Taggesi 4, Tel. +39 0184-47 52 53, Treffpunkt der Einheimischen, kleine Speisen, preiswerte Getränke.* ***Bar Trattoria Emilio****, Piazza Eroi Taggesi 3, Tel. +39 0184-47 50 02, Eis, Panini, Gebäck.* ***Gelateria smile di lo Faro Fabrizio****, Via Lungo Argentina 19, Tel: +39 0184-47 51 02, bei Eisschleckern beliebt.*

Romantik in den Ruinen

Bei Bussana ist für Wanderer noch ein kurzer Abstecher (3 km) vorbei an Bussana Nuova empfehlenswert: Vom Erdbeben zerstört, von Künstlern wieder zum Leben gebracht wurde der Ruinenort **Bussana Vecchia** [3 km von der Küste, deutliche Wegweiser, Sackgasse, die meisten Ateliers haben Ende Juni-Okt tgl., sonst nur Sa/So geöffnet, www.bussanavecchia.com]. Auch Kinder finden Gefallen an einem Bummel durch Ruinen, vorbei an Ateliers, geschmackvoll dekorierten Fenstern und Ecken für Motivsammler. Eine Besonderheit aus botanischem Garten, kleinem Museum, Kunstausstellung und romantischen Ecken ist **Il Giardino tra i Ruderi** [Ortseingang rechts hoch, tgl. 9-21 Uhr, Erw. € 2.50, Kinder (bis 14 J.) frei]. Eine große Auswahl gegen den Hunger bietet die **Piazzetta Golosa** [Ortseingang links, tgl. 8-19 Uhr]. Dort gibt es Pizza, Focacce, Hamburger mit Pommes, Hotdogs, Panini und natürlich Eis. Das Crêpe-Menü gibt es für € 9,50.
Neu für Liebhaber elektrischer Modelleisenbahnen ist die Ausstellung der **Amico Plastico Ferroviario** [Hauptgasse

geradeaus, rechte Seite, tagsüber ständig geöffnet, Eintritt frei]. Eine fantasievolle Anlage in drei Gewölben, untereinander verbunden. Echt cool!

Die Stadt der Strände und Parks

Bald nach Arma di Tággia kommen noch einmal ein kurzer Tunnel und einer mit einem Kilimeter Länge. Und dann geben die Radler mit den Pedalen noch einmal Gas, überholen Eltern mit Kinderwagen, und die Wanderer beschleunigen ihre Schritte, denn der Hauptort der Riviera dei Fiori, der Blumenriviera kommt in Sicht, **San Remo** [I.A.T., Largo Nuvoloni 1, 18038 San Remo, Tel. +39 0184-590 59, Numero Verde +39 0800-81 30 12 (kostenlos in Italien), www.visitrivieradeifiori.it]. Wer das Bad im Meer bisher aufgeschoben hat, findet alle Bequemlichkeiten, feinen Sand und einen sanften Einstieg im Lido Imperatrice (siehe S. 28). Wer sein Quartier in der Nähe der Stadt organisiert hat, wird mit der Familie Freude an den vielen Parkanlagen mit Spielplätzen haben. Der berühmte Spazierweg **Corso Imperatrice** verdankt seinen Namen der Zarin Marija Alexandrowna, die der Stadt zur Verschönerung des Boulevards 1874 die ersten Palmen schenkte. Von der Einmündung des Corso Matteotti bzw. der Via Roma im Osten bis zur Einmündung des Corso Matuzia im Westen bummelt man rund 45 Minuten. Etwa eine Stunde kann man im **Park Marsaglia** (Nähe Einmündung Corso Matuzia) ohne Langeweile verbringen und eine Vielzahl unterschiedlicher Pflanzen entdecken. Reizvoll ist ebenso ein Spaziergang durch die Altstadt **La Pigna**, den Ortskern. Es macht Spaß, in den vielen labyrinthischen Gässchen mit kleinen Geschäften herumzuschlendern und nach Mitbringseln zu stöbern. Wenn es zu heiß ist, bringen die Gärten **Regina Elena** Schatten und frische Luft. Die Grünanlage ist terrassenförmig angelegt und bietet ein markantes Panorama auf Stadt und Golf.

Als Abschluss der Tour in San Remo ein erfrischendes Bad genießen

Hochsaison mit Clowns und Marionetten

*Viele Attraktionen und Clownerien gibt es im Juli und August, wenn der **Village Circus Summer Dance** an den öffentlichen Stränden mit Spaß und Animation allen Jahrgängen Unterhaltung bietet.*

*Ein anderer Höhepunkt ist Ende Juli eine Woche lang „**La Città dei Ragazzi**“ (Die Stadt der Kinder) im Cinema Teatro Ariston (Via Matteotti 226) mit Kino, Theater und Marionettentheater für Kinder.*

Tour 10 – Zu kreativen Künstlern und hilflosen Hexen

Camporosso • Nervia-Tal • Dolceacqua • Isolabona • Baiardo • Apricale • Abstecher: „Strada dell'Olivo" Pigna • Molini di Triora • Triora • Argentina-Tal • Badalucco

Wo: nördlich der Küstenstrecke Bordighera-San Remo-Riva Ligure, zwischen Nervia- und Argentina-Tal – Wie: mit dem Auto – Dauer: Tagestour – Nicht vergessen: Kamera, Windjacke

Erfrischend ist die Reise entlang des **Nervia-Flusses**, der zwischen Bordighera und Ventimiglia in das Ligurische Meer mündet. Die Straße SP 64 folgt dann dem Gewässer nordwärts, eingerahmt von Wäldern, Olivenhainen, Weinhängen und mittelalterlichen Orten. Als Erstes verführt das majestätische Dolceacqua zu einem längeren Aufenthalt. Es folgen romantische Dörfer am Fluss und auf den Hügeln, jedes einen Spaziergang wert, bis in Triora die Geschichte der Hexen Gänsehaut bereitet. Auf der anderen Seite schlängelt sich die SP 548 am Flüsschen Argentina entlang. Die Gegend ist kaum besiedelt bis zu den Orten Badalucco und Tággia mit Römerbrücke und historischen, engen Gassen (siehe Tour 9). Die meisten dieser Kommunen haben kein eigenes Informationsamt, Auskünfte gibt es über **Riviera dei Fiori** [Provincia di Imperia, Viale Matteotti 147, 18100 Imperia, Tel. +39 0184-590 59, www.visitrivieradeifiori.it]. Die Nervia gehört zu Liguriens schöns-

Wild und romantisch ist die Fahrt durch das grüne Nervia-Tal

ten Flüssen. Sie mündet zwischen Ventimiglia und Bordighera, am Strand von **Camporosso** (siehe S. 28), ins Meer. Umgeben vom **Ecomuseo La Foce e il Canneto**, einem frei zugänglichen Schutzgebiet für 140 Vogel-, 160 Pflanzenarten, Säugetieren wie Füchsen und

Igeln sowie Reptilien. Sieben Kilometer weiter gen Norden grüßt schon von weitem die Burgruine von **Dolceacqua** [Ufficio IAT, Via Barberis Colomba 3, Tel. +39 0184-20 66 66, www.dolceacqua.it].

Der Raub der jungen Braut und Bassos Rache

Die Burg ist das Wahrzeichen der Stadt, sie wurde 1270 vom Stammvater Oberto Doria gekauft und ausgebaut und 1745 von den Spaniern zerstört. Heute kann die Ruine besichtigt werden [Mi-Mo, Juni-Okt 9-12 und 15-19 Uhr, sonst nur nach Voranmeldung, Tel. +39 0184-20 66 66] und bietet einen fantastischen Blick über die Stadt und das Nervia-Tal. Das Geschick von Dolceacqua hing mehr als fünf Jahrhunderte vom Adelsgeschlecht der Doria ab. In guten wie in schlechten Zeiten. Für schlechte Zeiten sorgte Imperiale Doria, auch der Tyrann genannt, bis zum Jahr 1364: Er hatte sich bis dahin das Recht genommen, jede Braut in der Nacht vor ihrer Hochzeit zu sich ins Bett zu holen. So geschah es auch mit Lucrezia, der 19 Jahre alten Braut des Dorfburschen Basso. Sie wurde am Hochzeitsabend mit Gewalt ins Schloss gebracht. Da sie sich weigerte, dem Markgrafen willig zu sein, ließ dieser sie in den Kerker werfen, wo das Mädchen verdurstete. Bräutigam Basso sann auf Rache. Durch eine List und mit Hilfe eines Dieners schaffte es Basso, in die Gemächer des Tyrannen zu gelangen. Er setzte seinen Dolch an die Gurgel des Markgrafen und drohte, ihn zu töten. Es sei denn, er unterschreibe ein Dekret mit dem Verzicht auf seine ungeheuren Gewalttaten. So geschah es und das Volk feiert seitdem am 15. August die Befreiung vom „Recht der ersten Nacht" mit Musik und Tanz. Und mit der „Michetta", einem süßen Gebäck mit weiblichen Formen, das die jungen Männer von den Mädchen erbitten.

Das Wahrzeichen der Stadt: einmal das Original, einmal von Monet

Künstler, alles per Hand

***Atelier di Lucille**, Via Roma 1, Tel. +39 0184-20 85 22, handbemalte Materialien aller Art; **Zagni Aldo**, Tel. +39 0184-20 82 39, Handy +39 338-401 46 87 (mobil), Holzschnitzereien; **Vetrofficina Rita Calvi**, Via Cavour 10, Tel. +39 0184-23 80 09, Handy +39 338-240 64 04, erlesene Glaskunst.*

Die gemalte alte Brücke

Auf dem Weg zur Burg, in der Via Castello, gibt es zahlreiche Kunstgalerien, Bars und Restaurants. Dort wird der berühmte „Rossese di Dolceacqua" angeboten, ein schmackhafter, rubinroter Rotwein (siehe Kasten). Verlässt man das historische Zentrum, muss die mächtige Eselsrückenbrücke (15. Jh., 32 Meter Bogenspannweite) betreten werden, um den neueren Stadtteil Borgo zu erreichen. An beiden Enden versuchen Hobbyfotografen, die Brücke und die von Claude Monet 1884 gemalten Motive, als Reproduktion aufgestellt, in ihr Objektiv zu zwängen.

Duft nach frischem Olivenöl

Ein paar Kilometer flussaufwärts, wo Nervia und Merdanzo zusammenfließen, kommt in **Isolabona** die Entscheidung: entweder geradeaus nach **Pigna** oder rechts ab über Apricale nach **Baiardo**. Das wären elf wunderschöne Kilometer „Strada dell'Olivo", wo im Winter aus den Ölmühlen der Duft des würzigen Olivenöls in die Nase strömt. Aber die Verbindung von dort oben (919 m) nach Pigna ist eine abenteuerliche, nicht jeder Familie zumutbare Piste. Also lieber wieder zurück und nur Apricale besuchen.

Wo die Häuser in Kaskaden „abwärtspurzeln"

Das steinerne Bergdorf **Apricale** [Comune di Apricale, Via Cavour 2, 18030 Apricale, Tel. +39 184-20 81 26, www.apricale.org] muss sein. Es ist das älteste Dorf im Nervia-Tal und wurde 1267 erstmals urkundlich erwähnt. Fährt man auf die Siedlung zu, sieht es so aus, als wollten die dichten Häusergruppen den Berg hinunterstürzen. Schmal und dunkel schieben sich dann auch die Gassen hoch zur Piazza Vittorio Emanuele, an den Wänden der Häuser Murali zahl-

Süffiger Wein und beste Pizza

*Rossese di Dolceacqua, Verkaufsstellen in der Altstadt, auch Olivenöl: **Rubino Luigi**, Via Castello 12 und 1; **Caldi**, Via Castello 5 b; **Vini Maixei**, Piazza G. Mauro 9; **La Rampa**, Via Barberis Colomba 11, Tel. +39 0184-20 61 98, Mo geschl., lokale Küche, berühmt für seine Pizza. **Osteria Quattro Gatti**, Via Patrioti Martiri 18, Handy +39 335-531 95 27, ligurische Küche, bekannt für gute Qualität. **L'Osteria di Caterina**, Piazza Padre G. Mauro (Altstadt), Tel. +39 0184-20 50 52, Mo geschl., gute Pasta, frische Crêpes, Pizza nur abends.*

reiche Wandmalereien mit ländlichen Motiven. Zwischendurch kleine Werkstätten, in denen Künstler/innen ihrer Fantasie freien Lauf lassen. Auch moderne Kunst zeigt sich an verschiedenen Stellen, zum Beispiel an der Spitze des Glockenturms der Pfarrkirche Geburt Mariä, wo Sergio Bianco ein Fahrrad installiert hat. Der Titel: „Die Kraft der Nicht-Schwerkraft".

Auf den alten, getreppten Gässchen, unter Bögen und Laubengängen sitzen die Alten, neben ihnen schlabbern Katzen Spaghetti aus blechernen Tellern. Eine eigentümliche Stimmung legt sich über die Besucher, eine Atmosphäre aus vergangenen Zeiten. Und die reiche Geschichte der Stadt kann im **Castello della Lucertola** mit seinen Hängegärten nacherlebt werden und zwar im **Museo della Storia di Apricale** [Mai/Juni tgl. 15-19 (außer Mo), Juli/Aug tgl. 16-19 und 20-22, So auch 10.30-12, im Winter tgl. außer 14-18 (außer Mo), So auch 10.30-12 Uhr]. Im Sommer gibt es zahlreiche Theateraufführungen und Konzerte in der Stadt. Abends tritt das Teatro della Tosse, das „Husten-Theater" aus Genua, in alten Kostümen verstreut in den Gassen auf. Wer im September im Nervia-Tal Urlaub macht, sollte sich nach dem Termin des Pansarola-Festes erkundigen, dann duftet es überall nach Schmalzgebäck und Zabaglione-Creme (siehe Kasten).

Jetzt aber hoch zu den Hexen

Unser nächstes Ziel ist erneut ein sehenswertes, an den Hang geschmiegtes Bergdorf mit überdachten und deshalb dunklen Gassen im historischen Zentrum, das Häusergewirr von **Pigna** [I.A.T., Piazza Umberto I 1, Tel. +39 0184-192 83 12, www.comune.pigna.im.it]. Als kulturelles Highlight gilt hier die Pfarrkirche **Sankt Michael** [Piazza Vecchia, tgl. 9-18 Uhr] mit schöner weißer Marmor-Rosette (15. Jh.). In der Apsis zieht der Flügelaltar „Der Heilige Michael und andere Heilige" mit 36 Feldern alle Blicke auf sich, gemalt vom piemontesischen Maler Giovanni Canavesio (1480-1550).

Die Kinder werden schon unruhig, wurde ihnen doch die Begegnung mit Hexen versprochen. Doch vor der Attraktion liegen noch 30 Kurven-Kilometer. Allerdings sind diese sehr kurzweilig mit schönem Blick ins Tal,

Pansarole mit Zabaglione probieren

Die Spezialität in Apricale ist Pansarola, ein in Olivenöl ausgebackenes Gebäck mit süßer Zabaglione-Creme – in jedem Lokal des Ortes auf der Menükarte, z. B. im ***A Ciassa**, Piazza Vittorio Emanuele 2, Tel. +39 0184-20 85 88, Mi geschl. außer Juli/ Aug;* ***Apricale da Delio**, Piazza Vittorio Veneto 9, Tel. +39 0184-20 80 08, Mo und Di geschl.;* ***La Capanna da Baci'**, Via Roma 14/16, Tel. +39 0184 20 81 37, Mo und Di geschl.; Weinverkostung und ein kleine Menükarte bietet* ***Le Grotte della Locanda**, Via Roma, 1, Tel. +39 0184-20 85 22, Do geschl.*

mit Buchenwäldern, Heckenrosen und Spornblumen. Bei Kilometer 10: eine weitläufige terrassierte Alm mit weißen Kühen und großen, gelb leuchtenden Ginsterfeldern. Etwas später: An der Alpkuppe Colla Langan sieht man trutzige Bunker als Erinnerung an den 2. Weltkrieg, den in den Bergen vor allem die Partisanen siegreich führten. Dann aber, am Zusammenfluss von Argentina und Capriolo die Gemeinde **Molini di Triora** [Info bei Comune, Piazza Roma 1, 18010 Molini di Triora, Tel. +39 0184-940 14, www.comune.moliniditriora.im.it]. An den Wasserläufen des Ortes gab es früher 23 Mühlen, zwei davon sind noch in Betrieb. Kinder merken auf wenn sie hören, dass es sich um einen „Schneckenort“ handelt. Fast jedes Restaurant preist sein spezielles Rezept an und dann gibt es auch noch die „Sagra della Lumaca“, das Schneckenfest mit Schnecken-Wettrennen. Aber im Ort fängt auch schon die Hexerei an und zwar in der **Bottega di Angelamaria** [Piazza Roma 26, Tel. +39 0184-940 21]. Die Besitzerin Angelamaria ist Nachfahrin der Franceschina Chioceto, die 1588 als Hexe bezichtigt wurde. Ihre Ururur ... enkelin vertreibt in ihrem Laden neben Souvenirs auch Speisen und Getränke für Gesundheit und Liebeslust, darunter die „Latte di Lumaca“, übersetzt Schneckenmilch, ein Likör auf Grappa-Basis.

Schluss mit romantischen Märchen

Nach weiteren fünf Kilometern ist dann endlich der Hexenort erreicht, das mittelalterliche **Triora** [Corso Italia 7, Tel. +39 0184-944 77, www.comune.triora.im.it]. Am Ortseingang grüßt schon eine junge, hübsche Teufelsanbeterin – auf einem Schild. Auch wenn ein Spaziergang durch Gassen, Arkaden, vorbei an alten Mauern reizt, jetzt bestimmt das junge Volk und es geht ohne Verzug ins **Museo Etnografico e della Stregoneria** [Corso Italia 1, Okt-März 14.30-18, Sa/So/feiertags auch 10.30-12, April-Juni 15-18, Sa/So/feiertags auch 10.30-12, Juli-Sep 10.30-12 und 15-18.30 Uhr. Erw. € 2, Kinder (5-12 J € 1.]. Die suchenden Augen finden zunächst nur Puppen, altes Spielzeug, ausgestopfte Vögel und alte Möbel. Also runter ins Untergeschoss, hier stehen allerlei Gerät und Mobiliar der Bauern und Handwerker. Dann im Kellergeschoss folgt schließlich die bittere Wahrheit: Unschuldige Frauen und Kinder wurden im Jahr 1588 der Zauberei und der Teufelsanbeterei beschuldigt, in

Hex-hex! Am Ortseingang von Triora wird man von einer Hexe begrüßt

Hexenwerk und Teufelspakt

13 Frauen, 4 Mädchen und ein kleiner Junge wurden im Jahr 1588 von der Inquisition, dem kirchlichen Gericht, wegen Hexerei und Schwarzer Kunst gefoltert und monatelang in den Kerkern von Triora gefangen gehalten. So wichtig schien es den Richtern aus Genua, dass sie die eine Woche lang dauernde Reise in Kauf nahmen, um das Urteil zu fällen. Fünf Frauen kamen durch die Folter ums Leben, eine stürzte sich aus dem Fenster. Die anderen Angeklagten wurden in die Gefängnisse von Genua gebracht und dort vergessen. Ein Trost bleibt: Später wurde die Verurteilung aufgehoben und die Ankläger exkommuniziert, also aus der Kirche ausgeschlossen.

dunkle Verliese gesperrt und gefoltert (s. Kasten). Nur weil die Mächtigen wegen einer Hungersnot Schuldige finden mussten, fiel ihre Wahl auf Menschen, die Kranke mit Kräutern heilten. Also wurde den „Bàgiue“ (Hexe im ligurischen Dialekt) vorgeworfen, sie würden sich jeden Sabbat auf dem Platz Cabotina am östlichen Ortsausgang treffen und auf Besen reitend den Teufel anbeten. Traurig aber wahr. Beim Spaziergang durch die mittelalterlichen Bogengänge, Portale und Säulengassen atmen dann alle wieder auf und betrachten die Schaufenster mit lustigen Hexenweiblein und Liebeselixieren (siehe Kasten).

Abkühlung im Fluss Argentina

Die Rückfahrt zur Küste geht immer am Fluss **Argentina** entlang. Von hier aus führen leichte bis mittelschwere Wander- und Radtouren durch Wälder und vorbei an schimmernden Olivenhainen. Die Dächer der Häuser sind mit dunkelgrauer Ardesia gedeckt, dem harten ligurischen Schiefer. Kurze Stopps, vielleicht in **Montalto Ligure** mit Fresken im Kirchlein San Giorgo und **Badalucco** mit seiner mittelalterlichen Brücke, unter der ein Bad im sauberen Wasser der Argentina zu empfehlen ist. Der Ort ist auch für sein Olivenöl bekannt, zu kaufen bei **Roi** [Via Argentina Sud 1, www.olioroi.com] oder **Frantoio Panizzi** [Via Boeri Giobatta 50, www.oliomeelu.it].

Lustige Souvenirs von den „Hexen“

*Auf dem Weg zur Cabotina, dem Hexenplatz, wird die Familie von allerlei Zaubervolk aufgehalten. Von Frauen des Städtchens gebastelt, gibt es lustig gekleidete Besenreiterinnen im **Non solo Magia** (Via Roma 15/17). Im Schlemmerladen **La Strega di Triora** (Corso Italia 50, www.lastregaditriora.it) werden Liebhaber von anregenden Likören, Bergkäse, Olivenöl, eingelegten Pilzen und Oliven sowie Bio-Marmeladen verzaubert. Die Kinder lassen sich lieber vom Hexenkuss, der Cubaita, einem Gebäck aus Mandeln, Nüssen und Honig verhexen.*

Kalk-Spaghetti

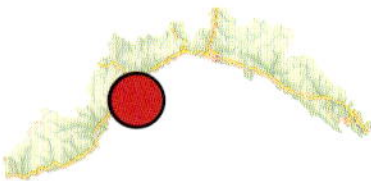

Vor 750.000-500.000 Jahren lebten in der Tropfsteinhöhle von Borgio Höhlenbären, Elefanten und Säbelzahntiger. Ihre Spuren sind im ersten Saal der Grotte zu finden. Doch viel mehr begeistern die wundersam geformten Stalaktiten (hängen von oben herab) und Stalagmiten (wachsen vom Boden nach oben) mit einer selten zu findenden Farbigkeit und Transparenz. Wie ein Schokoladenpudding fließt ein brauner Wasserfall am Fels entlang, als sei er ein Vorhang, und wie gelbe und weiße Spaghetti hängen die Sinterröhrchen von der Decke. Höhepunkt der Grotten-Schau sind grüne Seen, in denen sich die Stalaktiten spiegeln.

Grotte di Borgio Verezzi: *Ortsende, 17022 Borgio Verezzi, Tel. +39 019-61 01 50, www.grottediborgio.it.*

Vielfarbige Stalaktiten und Stalagmiten zieren die Borgio-Grotte

Wie Tropfsteine entstehen

Draußen regnet es. Das Wasser nimmt aus der Atmosphäre Kohlenstoffdioxid, bei der Versickerung im Boden organische Säuren auf. Durch diese wird aus dem Kalkstein der Grotte Kalk (Kalziumkarbonat) gelöst, der sich mit dem Kohlenstoffdioxid verbindet – es entsteht gut wasserlösliches Kalziumhydrogenkarbonat. Diese Lösung sickert durch poröse Stellen der Kalkdecke. Wird die Lösung von der Luft berührt, entweicht das vorher aufgenommene CO^2 (Kohlenstoffdioxid) und sie verwandelt sich wieder in schwer wasserlöslichen Kalk (Kalziumkarbonat). Das Wasser verdunstet, der Kalk bildet Stalaktiten, etwa einen Zentimeter in 25 Jahren. Prallt der Tropfen auf dem Boden auf, wird nochmals CO^2 freigesetzt und der Restkalk bildet einen aus dem Boden wachsenden Tropfstein (Stalagmit).

Führungen, auch auf Deutsch, Juni-Sep 9.30, 10.30, 11.30, 15.20, 16.20, 17.20, Okt-Mai 9.30, 10.30, 11.30, 15, 16, 17 Uhr, Mo geschl. Erw. € 8, Kinder (4-12 J.) € 5, Besichtigungsdauer ca. 1 Std., 16 °C, also Pullover oder Jacke mitnehmen.
Anfahrt: *von Finale Ligure auf der Via Aurelia westwärts bis Borgio Verezzio, am Ende des Ortes, deutlich ausgeschildert.*

Unterirdische Zauberwelten

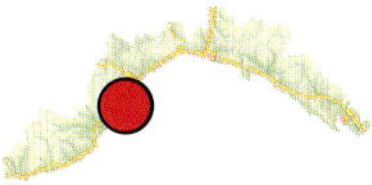

In der Unterwelt der drei inzwischen durch Tunnel miteinander verbundenen **Höhlen von Toirano** haben sich schon vor 12.340 Jahren Menschenfamilien aufgehalten. Abdrücke eines nackten Fußes, mehrerer Fingerkuppen und Knie sind Zeugnis dieses steinzeitlichen Lebens. Es waren wohl auch Kinder dabei, denn es wurden Tonkügelchen an die Wand geworfen. Ungefährlich war es in den Höhlen sicher nicht, denn schon damals hatten sich auch Höhlenbären als Untermieter eingeschlichen. Der Bärenfriedhof mit Knochen von zirka 100 Tieren führt zurück in die Jüngere Altsteinzeit. Die Besichtigung der bizarr geformten Kalkkolosse kann wegen der vielen Treppen nur ab Schulkindalter empfohlen werden. Neben den Höhepunkten, wie dem acht Meter hohen Stalagmiten „Turm von Pisa", sind die filigranen Blumenkohlsinter und Aragonitblumen eine Besonderheit der Toirano-Grotte. Noch eine andere Art von Kalkgebilden, weder hängend noch hochwachsend, sind die kugelförmigen Versinterungen. Durch auf- und absteigendes Wasser setzte sich der im Wasser enthaltene Kalk auch seitlich ab. Der Höhlenführer bezeichnet sie als Mozzarella-Gebilde. Ein wissenschaftlicher Name wird noch gesucht.

Beim Besuch der Grotte auf keinen Fall den Fotoapparat vergessen!

Eselsbrücken für Kinder

Anfangs ist es schwer, sich den Unterschied zwischen Stalagmiten und Stalaktiten zu merken. Etwas doof aber hilfreich: Stalaktiten kommen von der „T"ecke, Stalagmiten wachsen mit dir mit. Vielleicht in Versform: Stalaktiten hängen runter, Stalagmiten stehen munter.

Grotte di Toirano: *außerhalb des Ortes, gut ausgeschildert, Tel. +39 0182-980 62, www.toiranogrotte.it, tgl. 9.30-12.30 und 14-17 Uhr. Erw. € 12, Kinder (5-14 J.) und Senioren (über 65 J.) € 10. Länge 1.300 Meter, Führung (auch auf Deutsch) 70 Minuten, 16 °C, Jacke nicht vergessen.* ***Anfahrt:*** *nördlich von Toirano, gut ausgeschildert.*

Mittelalterliche Bilderwelten

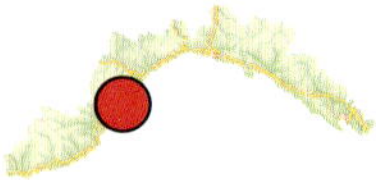

Die Kirche **San Nicolò** (11. Jh.) steht einsam mitten im Wald. Sobald sich das Tor öffnet, werden die Sinne überschwemmt von farbenfrohen, überwiegend bestens erhaltenen Fresken (14. Jh.). Besonders interessant auf der linken Seite ist der heilige Georg auf seinem Apfelschimmel, ihm gegenüber die zierliche Königstochter, die dem Drachen geopfert werden soll. Doch der tapfere Georg stößt seine Lanze in das mörderische Biest, die Prinzessin ist gerettet. Oben vor dem Chor im Giebel entdecken wir eine eigenartige Darstellung der Verkündigung: Links der Engel Gabriel mit der Botschaft „du wirst ein Kind empfangen". In der Mitte der liebe Gott mit zwei Engeln, auf der rechten Seite die Jungfrau Maria in wallendem Gewand. An ihrer Schläfe der Heilige Geist in Gestalt einer Taube. So weit, so gut. Aber da schwebt zwischen Gott und dem Heiligen Geist ja schon das süße Jesulein, dessen Werden doch eben erst verkündet wird. Wie das? Mario Maregno, der Führer meint, der Künstler habe das Thema durch die Darstellung des Knaben verdeutlichen wollen. Damit die Gläubigen ganz bestimmt wissen, um was es bei dieser Botschaft geht. Gibt es andere Meinungen dazu?

La Chiesa di San Nicolò: *außerhalb von Bardineto, Führungen durch Mario Maregno, Tel. +39 019-790 72 28, (siehe auch Tour 7, S. 65)*
Anfahrt: *schwierig zu finden, besser führen lassen.*

Der heilige Georg im Kampf gegen den Drachen

Zu Besuch beim Neandertaler

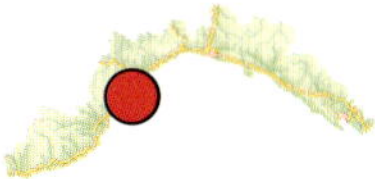

Hinter historischen Klostermauern wird in Finalborgo die Erdgeschichte lebendig. Viel Raum nehmen die Neandertaler ein, die Fundstücke führen 70.000 Jahre zurück zur „Arma della Mánie“ (Arma auf Ligurisch = Grotte). Die Informationen sind auch auf Kinder zugeschnitten und viele Ausstellungsstücke dürfen berührt werden: „Si prega di toccare“. Mit Puzzle und Quiz beginnen auch die Urtiere der Erdgeschichte lebendig zu werden. Ein Bild zeigt die dramatische Begegnung des Neandertalers mit dem modernen Menschen (Homo sapiens), ein anderes die tägliche Arbeit unter dem Dach der Grotte. Dann ein Rätsel: Vor wie vielen Jahren haben die frühen Typen des aufrecht gehenden Homo erectus erstmals Feuer genutzt? (Antwort am Ende dieser Seite). Spitzt die Ohren! In einem Raum untermalen Geräusche die gezeigten Szenen. Welche? (Antwort siehe unten). Wir lernen, dass schon die Eiszeitmenschen Schmuck trugen, Ketten aus Muscheln, durchbohrte Hirschzähne als Anhänger, Ringe und Ketten aus Knochen und Elfenbein. Sie häuteten Pelztiere für Kleidung und nähten das Leder mit spitzen Werkzeugen aus Knochen zusammen. Für die Jagd schnitzten sie Stoßlanzen und Wurfspeere, schlugen scharfkantige Steinspitzen aus Feuerstein und klebten sie mit Birkenpech an die Spitze der Speere. Ein Grab zeigt das Skelett eines jungen Menschen vor 24.000 Jahren. Wie alt wurde er und

Skelett eines jungen Menschen im Museo Archeologico in Finalborgo

wie groß war der junge Jäger? (Antwort siehe unten). Die Grabstätte des „Kindes mit dem Eichhörnchen“, etwa 11.000 Jahre alt, leitet über in die folgenden Erdzeitalter bis hin zu den Römern, zum Mittelalter und die Neuzeit. Aber die Kinder möchten sicher noch einmal zurück in die Steinzeit-Räume und sich mit technischen Tricks in die Welt der Neandertaler beamen.

Museo Archeologico del Finale: *Chiostri di Santa Caterina, 17024 Finalborgo, Tel. +39 019-69 00 20, www.museoarcheofinale.it. Sep-Juni Di-So 9-12 und 14.30-17, Juli/Aug Di-So 10-12 und 16-19 Uhr. Erw. € 4, Kinder (7-16 J.) und Senioren (über 65 J.) € 2. Deutsche Erklärtafeln.*
Anfahrt: *von Finale Ligure nordwärts, ausgeschildert.*

Lösungen der Fragen: *Feuer vor 500.000 Jahren; das Geräusch: Tropfen in einer Grotte; der Jäger war 15 Jahre alt und maß 1,70 m.*

6.000 Jahre starren dich an

Die einzelnen Themen der modernen Archäologie sind anschaulich in den Mauernischen der Festung von La Spezia aufgebaut, beginnend von der Kupferzeit (4000-3000 v. Chr.) bis zu den Römern. Vor allem vor den geheimnisvollen Stelen mit Gesichtern (Saal II und III) versammeln sich immer wieder Familien mit neugierigen Kindern. Was sollten die steinernen, abstrakten Gestalten aussagen? Sicher sind sie Beschwörungen von Geburt und Leben, von Fruchtbarkeit und Kampf, Skulpturen, die ihr Territorium schützten. Lange noch wird der scharfe, undurchdringliche Blick eines Kopffragments (Fundort Verrucola zwischen La Spezia und Viareggio), in Erinnerung bleiben. Eine weitere Sammlung geheimnisvoller Stelen ist in Pontrémoli zu besichtigen (siehe Kasten). Viele Funde stammen aus der benachbarten Ausgrabungsstätte Luni (siehe Kasten S. 32). Nicht verpassen dürfen Besucher die Wand mit Mosaiken in Saal X. Faszinierend die furchtlose Meerjungfrau (Nereide), die lässig auf einem Meeresungeheuer reitet.

Ausflug nach Pontrémoli

Pontrémoli liegt nicht mehr in Ligurien, sondern in der Toskana, nicht weit von der Grenze entfernt (von La Spezia auf der A 14 nordwärts 40 km). Lohnend ist ein Besuch des Stelen-Museums im Castello del Piagnaro. Etwa 60 der geheimnisvollen Statuen sind dort versammelt, mundlose Götteridole, Sandsteinfiguren mit Brüsten zur Beeinflussung der Fruchtbarkeit, kultische Zeichen zur Verehrung der Götter der ligurischen Frühgeschichte. ***Museo delle Statue-Stele della Lunigiana****: www.statuestele.org, Di-So Mai-Sep 9-12.30 und 15-18, Okt-April 9-12.30 und 14.30-17.30 Uhr. Erw. € 4, Kinder (6-16 J.) € 2.*

Steinerne Stelen mit rätselhaften Gesichtern warten im Museum der Burg

Museo del Castello: *Via 27 Marzo, 19121 La Spezia, Tel. +39 0187-75 11 42, www.museodelcastello.spezianet.it. Mi-Mo im Sommer 9.30-12.30 und 17-20, Mai/Sept 9.30-12.30 und 15-18, im Winter 9.30-12.30 und 14-17 Uhr. Erw. € 6, Kinder (6-13 J.) € 4.*
Anfahrt: *mit dem Aufzug hinter der Via dell'Indipendenza.*

Große, bunte Dinosaurier haben Lerici erobert

Auf den Spuren der Dinosaurier

Die in Prospekten versprochene rüttelnde Erdbeben-Simulationsplatte gibt es nicht mehr, der Blitz hat sie zerschlagen. Dafür wurde in den ersten Räumen der Burg ein Museum für historisches Spielzeug (bis 1930) eingerichtet: Puppenwagen, Schaukelpferde und sogar eine römische Puppe. Danach führt Gonduana Jones, der lustige Bärenjunge, durch die Festung und stellt uns auch Zio Pepe, seinen Onkel, den alten brüllenden Höhlenbären vor. Die historische Tour führt auch an einem gefährlichen Nashorn vorbei, an Fossilien, Amphibien und Reptilien, an Fischen, Krebsen, Korallen und immer weiter in die Erdgeschichte zurück. Bis endlich die 200 Millionen alten Dinosaurier-Spuren erreicht sind. Entdeckt hat sie der zwölf Jahre alte Ilario und extra für diesen Fund wurde die Festung restauriert und das Museum eingerichtet. Da könnte man fast neidisch werden …

***Castello di Lerici e Museo Geopaleontologico**: Piazza San Giorgio, 19032 Lérici, Tel. +39 0187-96 91 14, www.castellodilerici.it. Di-So/feiertags März-Juni und Sep/Okt 10.30-17, Juli/Aug 10.30-13.30 und 17-21 Uhr. Erw. € 6, Kinder(6-13 J.) € 4.*

***Anfahrt:** in der Stadtmitte von Lerici bequemer Weg über die Salita Revellino (siehe Tour 1).*

Eine Stadt nur für Kinder

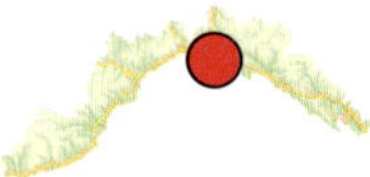

Da staunen die Eltern manchmal, wie schnell die Kids schwierige Aufgaben scheinbar spielerisch lösen. Hier dürfen die 3- bis 5-Jährigen schnuppern, ob es sich bei dem Duftstoff um Pinienzapfen, Orangen, Kaugummi oder Veilchen handelt. Dort werden mit den Händen blind Schuhe und ein Kochtopf ertastet. Bei den Wasserspielen wird gespritzt auf Teufel komm raus! Liebe Eltern, keine Bange, die Kleinen tragen Schutzwesten. Oder die Fantasie wird angeregt wenn es beispielsweise darum geht, einer Tomate ein Gesicht zu geben. Und auch die Ohren werden mit Spiel und Spaß getestet.
Bei den 6- bis 12-Jährigen wird es anspruchsvoller. Sie lernen alles über Ameisen und wie diese unterirdisch einen Friedhof anlegen und pflegen. Fortsetzung dann mit anderen Insekten und Schildkröten. Anschließend dürfen sie gigantische Seifenblasen zaubern, erfahren alles über die Seefahrt und lernen die Himmelsrichtungen kennen. Es folgen technische Experimente mit Licht, Wind und Wasser usw.
Beim Spiegelkabinett können sich dann auch die Eltern oder Großeltern nicht mehr zurückhalten, schallendes Gelächter, wenn die Dünnen kugelrund werden und die Dicken so schmal wie eine Spindel. Und für körperliche Herausforderungen steht eine Kletterwand bereit.

La città dei bambini e dei ragazzi: *Porto Antico, Magazzini del Cotone, 16128 Genova, Tel. +39 010-234 56 35, www.cittadeibambini.net. Di-So 10-18 Uhr. Erw. € 5, Kinder (2-3 J.) € 5, (3-12 J.) € 7; spezielle Abteilungen für Kinder von 2-3, 3-5 und 6-12 J., Einweisungen auf Italienisch und Englisch.* ***Anfahrt:*** *am Porto Antico, dem alten Hafen.*

Beim Schattenspiel wird die Fantasie angeregt. Wer sieht einen Vogel?

Bunte Unterwasserwelten

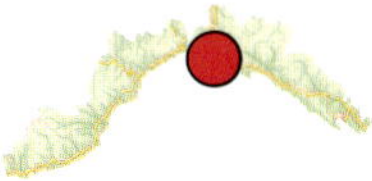

Familien, die schon häufiger zu Hause oder im Urlaub Aquarien besucht haben, sollten sich bei den hohen Eintrittspreisen die zwei Stunden Rundgang überlegen. Wer nur wenige Aquarien kennt, hat im Genueser Wassergetümmel allerdings viel Freude. Das fängt schon bei den schmusenden Seekühen an, die 60 Meter tief tauchen, sechs Minuten die Luft anhalten können und dann blitzschnell zur Oberfläche hochschießen, wo sie genüsslich grünen Salat aus einem netzartigen Futternapf zerren. An anderer Stelle ziehen grinsende, schielende Haifische ihre Bahnen, während ein Schwertfisch faul am Boden schlummert. Seehunde kurven schnell und geschickt um Felsen herum. Wie lebendige Schmuckstücke treiben Gepunktete Wurzelmundquallen im Wasser. Der durchsichtige, leicht bläuliche Quallenschirm trägt weiße, kristalline, das Licht brechende Punkte – keine leichte Aufgabe für Hobby-Fotografen. Wie ein fischförmiger Silberbarren schwebt der Silbergabelbart (Arowana), ein Amazonas-Räuber, durch das Wasser. Das Maul ist hochgeklappt wie die Bugklappe bei einer Autofähre. Der Grund: Das Männchen nimmt nach der Eiablage die 1,2 Zentimeter großen Eier ins Maul und entlässt die Brut erst nach 50-60 Tagen – dann sind die Jungen schon zehn Zentimeter lang.

Wer Delfine mag, findet hier eine große Familie vor. Besonders spaßig sind sie bei der Fütterung, die man am besten

Im Acquario di Genova leben viele Meeresbewohner, auch Quallen

vom oberen Geschoss aus betrachtet. Nach längerer Pause wurde wieder der alte, 94 Meter lange Schiffsrumpf am Hauptgebäude angedockt: offene Becken mit nachempfundenem Regenwald und Teichrallen, Meerbarben, Goldbrassen und Rochen. Einige der Fische lassen sich von mutigen Kindern sogar streicheln. Wer beim Rundgang aufmerksam ist, findet auch den orange-weiß-schwarzen Clownfisch Nemo mit seiner Dorie, den lustigen Gestalten aus dem Film „Findet Nemo“.

Acquario di Genova: *Porto Antico, Ponte Spinola, 16128 Genova, Tel. +39 010-234 51, www.acquariodigenova.it. Mo-Fr 9.30-19.30, Sa/So/feiertags 8.45-20.30, Juli/Aug bis 22 Uhr. Erw. € 23, Kinder (4-12 J.) € 15, Senioren (über 65 J.) € 20, Familien (2 Erw., 3 Kinder) € 76.*
Anfahrt: *am Porto Antico, dem alten Hafen.*

Von der Galeere zum U-Boot

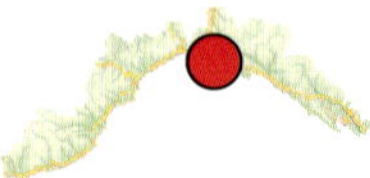

Sensationell! Eine echte genuesische Galeere, aus dem 17. Jahrhundert steht in voller Größe (40 m lang, 9 m hoch) mitten im Museum. Mit diesen wendigen Kriegsschiffen hat die Seerepublik Genua viele Schlachten gewonnen. Mit Videos wird das Leben an Bord demonstriert. Im Erdgeschoss ist der Unterbau zu sehen, danach reizt das Spiel mit interaktiven Karten: Seewege werden nachvollzogen, neue mit alten Karten verglichen. Im 2. Stock hängen hunderte Gemälde mit Segelschiffen, stehen fein gearbeitete Schiffsmodelle, ist eine zweimastige Brigg (Brigantine) zu besichtigen. Der 3. Stock ist den Aus- und Einwanderern mit ihren oft dramatischen Schicksalen gewidmet. Im Raum „Piroscafo“ (Dampfer) können alle Abenteurer auf einem nachgebauten 1.-Klasse-Deck mit einem Navigator die Reise durch die Straße von Gibraltar bis zur Ankunft in New York virtuell erleben. Die neue, Christoph Kolumbus gewidmete Abteilung im Erdgeschoss wird in Tour 6 (S. 58) beschrieben.

Im U-Boot Nazario Sauro in Genua: Was ist auf dem Sonar zu sehen?

Auf ins U-Boot

Wichtig beim Besuch des U-Boots Nazario Sauro: Behinderte, Schwangere und Kinder unter 4 Jahren dürfen das enge U-Boot nicht besichtigen. Alle anderen betreten das gegenüberliegende Unterwasserschiff (mit Audioguide in deutscher Sprache). Platzangst dürfen die Besucher nicht haben, ein Sturzhelm schützt vor Blessuren. Überall Apparate und Hebel, beängstigend enge Kojen. Platz nehmen im Steuersitz und dann der Blick durch das Seerohr (Periskop), am Hydrophon Wasserschallgeräusche aufnehmen – das ist spannend. Aber in dieser Enge mit 51 Mann einen 17-Tage-Tauchgang durchstehen, nein danke.

Galata Museo del Mare/U-Boot Nazario Sauro: *Calata De Mari 1, Darsena-Via Gramsci, 16126 Genova, Tel. +39 010-234 56 55, www.galatamuseodelmare.it. März-Okt tgl. 10-19.30, Nov-Feb Di-Fr 10-18, Sa/So/feiertags 10-19.30 Uhr. Museum: Erw. € 12, Kinder (4-12 J.) € 7, Familien (2 Erw., 2 Kinder) € 31. U-Boot: Erw. € 17, Kinder (4-12 J.) € 12, Familien (2 Erw., 2 Kinder) € 46.*
Anfahrt: *mit der U-Bahn zur Station Darsena.*

Nasser Spaß bei der Wasserdisco im Aqua-Park Le Caravelle

Wasserspaß im Le Caravelle

Wasserscheue ruhen besser zu Hause aus, denn hier bleibt niemand trocken. Wer einen Adrenalinkick braucht, flitzt mit der Kamikaze-Röhre in den Abgrund. Wer mehr Natur will, rutscht gemächlich durch den Wald. Gemütlich schippern auch die Gummiboote auf dem Rio Colorado oder mit ordentlichem Speed auf dem Rio Bravo. Wenn das Signal ertönt, gehen im Pool die Wellen hoch, und am Nachmittag wird feucht getanzt in der Wasserdisco Aquadance. Um sich einen Überblick über das riesige Areal (80.000 m²) zu verschaffen, nimmt man den kostenlosen Trenino – die Bimmelbahn. Für die Kleinen gibt es in der Hochsaison gratis einen Baby-Club (3-10 Jahre) und einen speziellen Pool sowie sanfte Rutschen bei den zwei Karavellen (Kolumbus-Schiffe). Während die Jugend tobt, erholen sich die Erwachsenen in der Benessere-Abteilung „Sorgente del Kuore“ („Mit K geschrieben damit man nachfragt“, sagt die Managerin) mit Duftduschen in Grotten, Hydromassage, Dampfbad, Kneippbecken etc.
Als Treffpunkte gibt es ausreichend Bars und Restaurants, Selbstversorger finden einen schattigen Picknickplatz im Wald.

***Parko acquatico Le Caravelle** (auch „il parco con la K“): Via San Eugenio 51, 17023 Ceriale Savona, Tel. +39 0182-93 17 55, www.lecaravelle.com. Juni-Sep tgl. 10-18.30 Uhr. Erw. € 21, Kinder (von 1 m-1,40 m) € 17, bis 1 m gratis, Benessere-Abteilung € 5.*
***Anfahrt:** westlich von Ceriale, ab Ortsende gut ausgeschildert.*

Exotische Pflanzenvielfalt

In den Felsen geschlagene Treppen und ein Maultierpfad führen hoch zur Spitze eines Sandsteinfelsen. Jede Terrasse birgt für Naturfreunde neue Überraschungen aus allen Erdteilen: Drachenbäume und Opuntien, Araukarien und gigantische Kandelaber-Kakteen, Agaven und Aloe.
Jede Menge fantastische Kakteen mit eigenartigen Formen, Kugeln, Zylindern und Röhren, mit zauberhaften Blüten in allen Farben, mit Schuppen, Haaren, Warzen und Rippen, vor allem aber (zur Abwehr neugieriger Finger) mit kräftigen, spitzen Dornen. Seit vier Generationen pflegt Familie Pallanca diese Zauberwelt für Kakteenfreunde und Besucher, die für sich vielleicht ein neues Hobby entdecken. Den Anfang kann man am Ausgang machen, dort gibt es eine reichhaltige Verkaufsausstellung.

Giardino esotico Pallanca: *Via Madonna della Ruota 1, 18012 Bordighera, wenige Parkmöglichkeiten, deshalb ab Bordighera besser den Bus-Service nutzen, Tel. +39 0184-26 63 47, www.pallanca.it, Faltblatt auf Deutsch. Di-So im Sommer 9-12.30 und 15-19.30, im Winter 9-17.30 Uhr. Erw. € 9, Kinder (6-12 J.) € 7,50, Familien € 25.*
Anfahrt: *am östlichen Ende von Bordighera, gleich nach dem Tunnel.*

Größer als mancher Besucher: die Kakteen im Giardino esotico Pallanca

Grünes Paradies

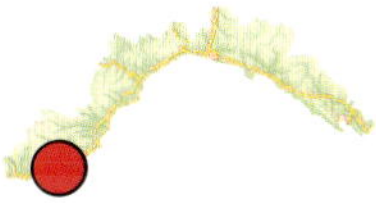

In dieser Anlage haben die Kinder Gelegenheit, sich mitten im Grün bei frischer Luft nach Herzenslust auszutoben. Weil die meisten Pflanzen mit lateinischen Begriffen versehen sind, hilft die Broschüre mit deutschem Text. Oder die Hobby-Botaniker kramen ihre Kenntnisse raus. Spätestens am **Rondò Vecchio** können die Übungen beginnen. Zunächst mit dem mächtigen Eukalyptus, dann die Treppe abwärts bei den Sukkulenten, die als Überlebensstrategie für geringen Wasserverbrauch Dornen statt Blätter entwickeln oder in fleischigen Blättern Feuchtigkeit speichern. Leicht ist es, in den Cactaceae die Kakteen zu entdecken, in den Euphorbiaceae die Euphorbien aus der Familie der Wolfsmilchgewächse. Über eine Allee kommt man zum Brunnen des Drachen mit Korkeichen, Papyrus, Schwertlilien, Narzissen und Pfingstrosen. Zu den folgenden Giardinetti (kleine Gärten) gehört auch der Giardino dei Profumi, der Duftgarten mit Blüten und Früchten von Lavendel bis Bitterorangen.
Nahe der Zypressenallee steht das **Maurische Mausoleum** (1886), wo die Asche von Thomas Hanbury und seiner Frau Katherine Pease beigesetzt wurde. Im unteren Teil des botanischen Gartens spaziert man zwischen Olivenhainen und Obstgärten mit Bäumen voller Zitrusfrüchte, zum Beispiel Pampelmusen (Shaddock), die bis zu 1,8 Kilogramm schwer werden können, oder der Mini-Zitrusfrucht Kumquat, die auch in deutschen Obstgeschäften angeboten wird. Ebenfalls zu entdecken: exotische Obstbäume von der Avocado bis zur Guave. Fast vergessen ist der saure Speierling (früher ein Mittel gegen Durchfall und Erbrechen), ein Wildapfel, der im Frankfurter Raum noch als Zusatz zum Apfelwein Verwendung findet. Selten geworden ist auch der Azaroldorn, auch Welsche Mispel. Seine roten Beeren sind essbar und werden in Süddeutschland von Juli bis August noch für Konfitüren und Likör geerntet.

Der Gardini Botanici Hanbury in Ventimiglia ist ein grünes Paradies

***Giardini Botanici Hanbury**: La Mortola, Corso Montecarlo 43, 18039 Ventimiglia, Tel. +39 0184-226 61, www.giardinihanbury.com. März-Mitte Juni /Mitte Sep-Mitte Okt 9.30-18, Mitte Juni-Mitte Sep 9.30-19, Mitte Okt-Feb Di-So 9.30-17 Uhr. Erw. € 9, Kinder (6-14 J.) und Senioren (über 65 J.) € 7,50, Familien € 20.*
***Anfahrt:** auf der Via Aurelia von Ventimiglia Richtung französische Grenze.*

Uralte Fundstücke aus den Tiefen des Meeres

Römisches Schiffsmuseum

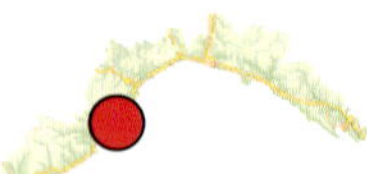

Zur Zeit, als die Römerstraße Via Julia Augusta gebaut wurde (siehe Tour 8), versank vor der Küste von Albenga ein römisches Frachtschiff. Die Ladung des Wracks wurde nach knapp 2000 Jahren aus 42 Meter Tiefe geborgen und in den Räumen des **Palastes Peloso-Cepolla** untergebracht. Neben Modellschiffen zeigt das Museum einen großen Teil der mehr als 10.000 Amphoren, in denen Wein aus Kampanien in Roms Kolonien verschifft werden sollte. Auch Fundstücke aus einem im 1. Jh. n. Chr. im Golf von Diano Marina versunkenen römischen Schiff sind ausgestellt. Eine andere Abteilung zeigt etwa 100 blau-weiße Keramikgefäße (17.-19. Jh.) aus der Apotheke des Krankenhauses in Albenga.

Museo Navale Romano: *Piazza San Michele 12, 17031 Albenga, Tel. +39 0182 -12 15, www.iisl.it/musei/navale/naval.htm. Di-So Mitte Juni-Mitte Sep 9.30-12.30 und 15.30-19.30, sonst 10-12.30 und 14.30-18 Uhr. Erw. € 3, Kinder (6-14 J.) € 2.*
Anfahrt: *im Centro Storico im westlichen Teil der Piazza San Michele ausgeschildert.*

Alte Glaskunst im Palazzo Oddo

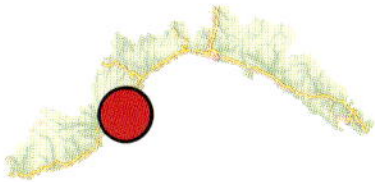

Diese ständige Ausstellung fasziniert durch ihre Darbietung der 200 Glasgefäße aus der römischen Epoche zwischen dem 1. und 3. Jh. n. Chr., ausgegraben in den Nekropolen von Albenga (siehe Tour 8): dunkle Räume, sanft beleuchtete Vitrinen und Säulen mit den zerbrechlichen Produkten aus feinstem Glas. Sie stammen aus einer Epoche, während der Glaswaren das wirtschaftliche, soziale und kulturelle Leben in römischen Haushalten beherrschten.

Glas auf dem Siegeszug

Glas verdrängte Metall. Da es geruchsneutral war, wurden bald fast nur noch Glasbehälter zur Aufbewahrung von Lebensmitteln, Parfüm, Medizin, Salz, Gewürzen und Garum (die römische scharfe Fischsoße) etc. eingesetzt. Und was im Haushalt verwendet wurde, bekamen die Verstorbenen, oft als Beweis ihres Wohlstands als Grabbeigabe. Der Spaziergang durch die Glas-Show ist unterhaltsam, lehrreich und lässt oft schmunzeln: die komisch geformte Weinkaraffe, aus der man im Liegen trinken konnte, dann die vielen gläsernen Tränen-Phiolen, die samt Inhalt dem Grab beigegeben wurden. Je mehr Tränen gesammelt wurden, desto angesehener waren die Toten. Um das Ansehen zu erhöhen, gab es berufliche „Weiner", deren Tränen manche Phiole füllten. Im letzten dunklen Raum leuchtet in der Ferne eine blaue runde Schale. Beim Näherkommen schälen sich aus dem in verschiedenen Blaustufen leuchtenden Rund zwei Gestalten heraus. Das Auge braucht Zeit, dann sind zwei geflügelte Halbgötter auszumachen, die sich in wildem Tanz verbiegen – zwei beschwipste Römer. Wie der Künstler dieses Werk vollbrachte, bleibt ein ewiges Geheimnis.

Palazzo Oddo: *Via Roma 58, 17031 Albenga, Tel. +39 0182 57 14 43, www.palazzooddo.it. Mitte Juni-Mitte Sep 10.30-12.30 und 16.30-19.30 Uhr, Mo vorm. geschl., Mitte Sep-Mitte Juni Di-So 10.30-12.30 und 15.30-18.30 Uhr, Erw. € 4, Kinder (6-14 J.) € 2.* ***Anfahrt:*** *von der Piazza del Popolo nordwärts in die Via Roma.*

Im Palazzo Oddo sind wertvolle Fundstücke aus der Römerzeit ausgestellt

Römer beim Picknick

Das macht Spaß, in den Sälen der **Savoyer Annunziata-Festung** herumzustreunen und dabei seltene Funde aus der Römerzeit im hier untergebrachten **Archäologischen Museum** zu entdecken. Zum Beispiel das im römischen Theater von Ventimiglia gefundene, silberne Reisebesteck mit Gabel, Löffel, einer Klinge, einem Messerchen sowie zwei Schnitzmessern. Unter den Marmorköpfen reizt ein kleiner Junge mit Lockenkopf, großen Augen und Schmollmund. Er war der Sohn von Kaiser Konstantin (zwischen 270 und 299-337). Während die jungen Museumsbesucher noch Vergleiche mit ihrem eigenen Aussehen anstellen, rätseln die Erwachsenen über der Herstellung einer hellblauen Glasplatte (1. Hälfte 3. Jh. n. Chr.). Wie hat der Glaskünstler bloß den Ichthyokentaur, ein mythologisches Wesen, halb Mensch mit Pferdehufen, halb Fisch, in die feine Glasplatte gezaubert?

Taufbecken für erwachsene Heiden

*Vom Archäologischen Museum (Auto dort stehen lassen) führt der Corso Verdi in das Gassengewirr der Altstadt von **Ventimiglia**. Abgesehen vom Bummel, vorbei an Kneipen und Eisvitrinen, lohnt sich ein Besuch des dreischiffigen romanischen Doms (11./12. Jh.). Eine Wendeltreppe führt runter in das achteckige Baptisterium mit großem Taufbecken, in das die erwachsenen Heiden tauchten. Die zwei Einbuchtungen waren für die Priester gedacht. Betrachtet die Kapitelle (7. Jh.) aufmerksam, eines zeigt ein schönes, schreitendes Pferd, Symbol für aufsteigende Seele und Auferstehung, seitlich einen kauernden Hasen, Symbol für Christus, der nie mehr entschläft. Der Hase in anderen Quellen: Traubenfressend sei er ein Symbol für die Taufe.*

Für erwachsene Täuflinge brauchte man ein großes Becken (siehe Kasten)

Museo Archeologico Girolamo Rossi: *Via Verdi 41, 18039 Ventimiglia, Tel. +39 0184-35 11 81, Di-Sa 9-12.30, 15-17, So 10-12.30 Uhr. Erw. € 3, Schüler/Senioren (über 65 J.) € 2, bis 14 J. frei.* ***Anfahrt:*** *auf der Via Aurelia Richtung Balzi Rossi/französische Grenze, Parkplätze an der Straße.*

GUT ZU WISSEN

Fakten von A bis Z

Anreise/Ankunft

Die meisten Urlauber fahren mit dem Auto nach Ligurien. Fast alle Autobahnen in Italien sind kostenpflichtig (pro 100 km ca. € 5). Die schnellste Verbindung von Norddeutschland führt auf der A 7 über Göttingen, Würzburg und Memmingen nach Bregenz, durch die Schweiz (Jahresvignette € 33) über A 8, A 9, A 2 nach Mailand und weiter auf der A 7 nach Genua. Von Südwestdeutschland und Österreich fährt man besser über den Brennerpass (Autobahn-Vignette 10 Tage € 8,50, 2 Monate € 24,80, Europabrücke zusätzlich € 8) und weiter über Peschiera (E 45), Piacenza (E 70) auf der A 7 bis Genua. Hilfe für die Reiseroute gibt es bei www.viamichelin.com, die gute Straßenkarte „In Liguria" kann bestellt werden bei der Agenzia Regionale, info.inliguria@liguriainrete.it, www.turismoinliguria.it. Bequem ist die Anreise mit dem DB AutoZug von Frankfurt a. M. bzw. Neu-Isenburg, Berlin/Wannsee, Hamburg und Düsseldorf nach Alesandria (Piemont). Auskünfte über www.dbautozug.de oder Tel. 01806-99 66 33. In Genua gibt es einen Flughafen, den Aeroporto Genova-Sestri „Cristoforo Colombo". Er liegt 7 km westlich der Stadt in Sestri Ponente (Tel. +39 010-601 51, www.airport.genova.it).

Auskunft

ENIT in Deutschland, Österreich und der Schweiz einheitlich unter www.enit.it.

In Deutschland

Italienische Zentrale für Tourismus ENIT, Gebietsdirektion für die

Ligurien ist mit dem Auto, dem Flugzeug, per Bahn oder per Autozug gut erreichbar

deutschsprachigen Länder, Barckhausstr. 10, 60325 Frankfurt am Main, Tel. 069-23 74 34, frankfurt@enit.it.

In Österreich
Mariahilfer Str. 1 b/Mezzanin, Top XVI, 1060 Wien, Tel. 01505-16 30 14, vienna@enit.it.

In Ligurien
Die Fremdenverkehrsämter der einzelnen Ortschaften finden Sie in diesem Buch in den jeweiligen Kapiteln. Fremdenverkehrsamt für ganz Ligurien, Via Fieschi 15, 16121 Genova, Tel. +39 010-548 51 0 39, Fax +39 010-57 02 73, www.fremdenverkehrsamt.com oder www.turismoinliguria.it.

Autofahren in Ligurien

Die Autobahn A 12 durchläuft die gesamte Region von Ost nach West. Die Straße Via Aurelia durchzieht die gesamte Region küstennah, von Rom über die Toskana im Osten bis zur französischen Grenze im Westen. In die Seealpen führen zahlreiche schmalere Landstraßen. Manche Ortschaften an der Steilküste hingegen sind (wie beispielsweise die Cinque Terre) nicht miteinander verbunden, sondern nur über Stichstraßen erreichbar. Hier benutzt man am besten die Bahn.
Die Promillegrenze liegt bei 0,5 Promille, es besteht Anschnallpflicht, im Auto müssen Warndreieck und reflektierende Warnweste mitgeführt werden. Außerhalb der Ortschaften muss auch am Tage mit Abblendlicht gefahren werden.
Geschwindigkeitsbegrenzungen:
50 km/h in der Stadt, auf Landstraßen 90 km/h, 130 km/h auf Autobahnen, 110 km/h auf der Brenner-Autobahn bis Bozen. Telefonieren mit dem Handy ohne Freisprechanlage wird mit einem Bußgeld geahndet.
Kinder unter 12 Jahren oder mit einer Körpergröße bis 150 cm müssen im Auto hinten sitzen und durch ein Sicherheitssystem angeschnallt sein, das dem Alter und ihrer Größe angepasst ist. Selbst wenn sie dieses Alter überschritten haben, sollten Kinder nicht auf dem Beifahrersitz mitfahren, sondern angeschnallt hinten sitzen.
Wichtig in Städten: Wo ZTL angekündigt ist, also eine „Zona Traffico Limitato“, darf man zu den angegebenen Zeiten nicht in den Ort reinfahren; Hotelgäste werden aber durchgelassen und bei der Polizei entsprechend registriert. Sie dürfen aber nur bis zum Hotel fahren.

Autovermietung

Internationale Leihwagenfirmen, auch lokale, gibt es in allen größeren Städten. Im Sommer ist es ratsam, im Voraus zu reservieren. Wer Kindersitze braucht, sollte sich vorher erkundigen, dieser Service ist nicht überall vorhanden.
Es gibt Buchungsmöglichkeiten mit vorherigem Preisvergleich bei www.mietwagenmarkt.de, www.happycar.de oder www.autoeurope.de.

Bus und Bahn

Folgendes Informationssystem deckt das gesamte Gebiet Liguriens ab und enthält alle Verbindungen der verschiedenen Unternehmen: Fahrpläne, Routen, Anschlussmöglichkeiten, Reisezeiten, Haltestellen, Fahrzeiten mit dem Zug, dem Autobus und der U-Bahn: www.orariotrasporti.regione.liguria.it.

Camping

Verzeichnisse der Campingplätze und Feriendörfer in Ligurien sind zu finden bei www.camping.it, www.camping.info und www.campinginliguria.com.
Zwei Highlights unter den Campingplätzen stellen wir unter dem Punkt „Unterkünfte“ (siehe S. 107) vor: in den Bergen **Oasi Belpiano** bei Borzonasca und am Meer **Villagio dei Fiori** bei San Remo.

Diplomatische Vertretungen

Honorarkonsul der Bundesrepublik Deutschland, *Via Ponte Morosini 49, 16126 Genova, Tel. +39 010-271 59 69, germanhoncons@ge.cosulich.it.*
Österreichisches Konsulat, *Via Cremona 27, Mailand, Tel. +39 02-481 29 37.*
Schweizer Konsulat, *Via Palestro 2, Mailand, Tel. +39 02-76 00 92 84.*

Einreise

Reisende aus Deutschland, Österreich und der Schweiz benötigen lediglich den gültigen Personalausweis, wenn sie nicht länger als drei Monate im Land bleiben möchten. Personalausweispflicht besteht ab dem 14. Lebensjahr.
Die Kontrolle an den Grenzen ist seit dem Schengener Abkommen eingestellt. Für den PKW ist der nationale Führerschein ausreichend, die grüne Versicherungskarte ist nicht vorgeschrieben, aber empfehlenswert.

Geld

Italien gehört zur Eurozone. Hotels, Restaurants sowie die meisten Tankstellen und Geschäfte nehmen die üblichen Kreditkarten an. Mit der EC/Maestro-Karte kann man nach Eingabe der persönlichen Geheimnummer an den meisten Geldautomaten Geld ziehen.
Öffnungszeiten der Banken Mo-Fr von 8.30-13.30 und 14.45-15.45 Uhr, der Postfilialen Mo-Fr 8.15-14, Sa 8.15-12 Uhr.

Klima und Reisewetter

Beste Reisezeit: Obwohl man in Italien praktisch immer reisen kann, ist die beste Reisezeit von April bis Juni. Das Wetter ist in diesem Zeitraum sonnig aber noch nicht zu heiß, die Landschaft ist mit Frühlingsblumen bedeckt und der Sommertourismus (v. a. in den Schulferien) hat noch nicht eingesetzt. Die meisten Italiener sind im Juli und August im Urlaub, sodass diese zwei Monate (u. a. wegen der gestiegenen Unterkunftspreise und hohen Temperaturen) am besten vermieden werden.

Literatur

Larissa Bertonasco: La nonna, la cucina, la vita – Die wunderbaren Rezepte meiner Großmutter, Gerstenberg, 2011.
Dorette Deutsch: Madonnen blicken über das Meer – Ligurische Küstengeheimnisse, Picus, 2001.
Anne Goebel: An südlichen Gestaden. Die italienische Riviera der Künstler und Literaten, Edition Ebersbach, 2013.
Margaret Minker: Das Wasserhaus, dtv, 2001.
Nana Claudia Nenzel und Daniel Schoenen: Ligurien – Zeit für das Beste, Bruckmann, 2014.

Medien

Deutschsprachige Zeitungen und Zeitschriften werden eigentlich in allen Küstenorten angeboten. Eine deutschsprachige Monatszeitschrift für die

Klimatabelle

	Jan	Feb	März	Apr	Mai	Juni	Juli	Aug	Sep	Okt	Nov	Dez
Wassertemperaturen in °C	13	12	13	14	16	20	23	23	21	19	16	14
Lufttemperaturen/Tag (in °C)/Nacht	10 5	11 6	14 8	16 11	20 14	23 18	27 21	27 21	24 18	20 14	15 9	12 6
Sonnenschein (in Std.) täglich	3	4	5	6	7	8	9	8	6	5	3	3
Niederschlag (Tage/Monat)	7	7	8	8	7	5	3	6	6	8	8	6

italienische Riviera, Südfrankreich und Monaco ist die „Riviera-Côte-d'Azur-Zeitung" (www.rczeitung.com).

Medizinische Versorgung

Die ärztliche Versorgung in Ligurien entspricht mitteleuropäischem Standard. Die Europäische Krankenversicherungskarte EHIC hat den Auslandskrankenschein E 111 abgelöst. Die EHIC kann formlos bei der Krankenkasse angefordert werden. Sie gilt für alle Notfälle – einfach beim Arzt oder im Krankenhaus vorlegen. Es empfiehlt sich trotzdem, zusätzlich eine Auslands-Krankenversicherung abzuschließen.

Notrufe

Medizinische Notfälle: 118, Rettungsdienst bei Katastrophen: 113, Polizei: 112, Feuerwehr: 115, Seenotruf (Küstenwache): 1530 (Verbindung mit dem Hafenamt, das dem Ort des Anrufenden am nächsten liegt), Ministerium für Umweltschutz: 1525 (Informationen über den Umweltschutz und Meldungen über Umweltnotfälle).

Öffnungszeiten

Banken und Postämter: siehe Unterpunkt Geld.
Geschäfte und Apotheken: Mo-Fr 9-12 und 16-19, Supermärkte in touristischen Gebieten oft auch bis 22 Uhr, auch Sa und So; kleine Geschäfte schließen von 13-14 Uhr und montags halb- oder ganztags.

Sprache

In touristischen Zentren wird allgemein Deutsch gesprochen, sei es in Hotels, auf Campingplätzen oder in Geschäften. Ein paar Kilometer weiter, in einem Restaurant auf dem Land oder bei einem Ausflug, kann ein kleiner italienischer Sprachführer sehr hilfreich sein.

Allgemeines

Guten Tag – Buon giorno
Guten Abend/Gute Nacht – Buona sera/notte
Auf Wiedersehen – Arrivederci
Bis bald – A presto
heute/morgen/übermorgen – oggi/domani/dopo domani
Wie geht es Ihnen/dir? – Come sta/stai?
Danke, gut – Grazie, bene
Ich heiße ... – Mi chiamo ...
Wie heißen Sie? – Come si chiama?
Sehr erfreut – Piacere
Ich bin Deutsche/r – Sono tedesca/o
Sprechen Sie Deutsch? – Parla tedesco?
Ich verstehe – Capisco
Ich verstehe nichts – Non capisco niente
Entschuldigung – Scusi
bitte/danke – per favore/grazie
wo/wohin/woher – dové/dové/da dové
Wo ist – Dové
Was/Wann – Che cosa/Quando
Wie lange – Quanto tempo
Warum/Wer – Perché/Chi
rechts/links – a destra/a sinistra
geradeaus/zurück – sempre diritto/indietro
Ich möchte bezahlen – Vorrei pagare
Wie viel kostet es? – Quanto costa?
Sohn/Tochter – figlio/figlia

Im Hotel/Restaurant

Hotel/Restaurant – Albergo/Ristorante
Haben Sie ein Zimmer? – Avete una camera?
Wie viel kostet das Zimmer? – Quanto costa la camera?
Ich möchte gern ein ... – Vorrei una ...
Einzelzimmer/Doppelzimmer – camera singola/doppia
mit Dusche/Bad/Balkon – con doccia/bagno/balcone
mit Doppelbett/Meerblick – con matrimoniale/vista sul mare
Den Schlüssel, bitte – La chiave, per favore
Ich reise morgen ab – Parto domani
Die Rechnung bitte – Il conto, per favore
Frühstück – Prima colazione
Mittagessen/Abendessen – Pranzo/Cena
Ich habe Hunger/Durst – Ho fame/sete
Ich möchte etwas essen – Vorrei mangare qualcosa
Nur ein wenig – Solo un poco
Danke, das ist genug – Grazie, basta cosi
Ich bin satt – Sono sazio

Rauchen

Rauchen ist in öffentlichen Bereichen (Museen, öffentliche Bauwerke, Kinos etc.) und in öffentlichen Verkehrsmitteln sowie in Restaurants, Bars, Discos usw. verboten.

Strom

Die Stromspannung in Italien beträgt 220 Volt. Für Flachstecker (Eurostecker, Typ CEE 7/16) benötigt man keinen Adapter. Jedoch für die in Deutschland gebräuchlichen Schukostecker. Reiseadapter gibt es in fast jedem Supermarkt. Laptops, Tablets oder Mobiltelefone sind in der Regel mit Flachsteckern ausgestattet, passen also in italienische Steckdosen.

Telefon

Anrufe von Deutschland nach Italien: die 00 39 wählen, dann die Nummer des Gesprächspartners, bei der Ortsvorwahl inklusive der Null, egal ob aus Deutschland oder aus Italien. Von Italien ins Ausland wählt man für Deutschland 00 49, für Österreich 00 43, für die Schweiz 00 41, danach die Null vor der Ortskennzahl weglassen und die Anschlussnummer wählen.
Sämtliche Arten von Telefonkarten (für Telefonzellen, aufladbare Karten für Mobiltelefone, Prepaid-Karten etc.) erhalten Sie in den Hotels, in Tabakläden und Zeitungskiosken.

Tiere

Hunde und Katzen, die innerhalb der EU mit in den Urlaub sollen, müssen als Kennzeichnung einen Mikrochip unter die Haut implantiert haben. Eine Tätowierung wird seit 3. Juli 2011 bei allen Tieren, die nach diesem Zeitpunkt geboren wurden, bei einer möglichen Kontrolle nicht mehr akzeptiert! Die Impfbescheinigung gegen Tollwut muss sich auf das durch den Chip ausgewiesene Tier beziehen und von einem bemächtigten Tierarzt ausgestellt sein, und zwar mindestens einen Monat oder höchstens ein Jahr vor Reiseantritt.

Trinkgeld

In den meisten Restaurants und Bars ist der Service im Preis enthalten, bei guter Bedienung wird jedoch ein zusätzliches Trinkgeld erwartet, je nach Kategorie und Zufriedenheit 5-15 %. Das Trinkgeld (mancia) lässt man auf dem Teller mit der Rechnung zurück. Im Hotel sollte das Zimmermädchen je nach Kategorie des Hauses € 5-10 pro Woche und Person erhalten. Der Gepäckträger erwartet je Gepäckstück € 1-2. Taxifahrer werden nach dem Taxameter entlohnt, man rundet bei besonderer Freundlichkeit auf. Beim Friseur gibt man rund 10 % Trinkgeld.

Unterkünfte

An der Italienischen Riviera gibt es ein reichhaltiges Angebot an Hotels, Pensionen und Campingplätzen. Zur Orientierung finden Sie hier eine bunte Auswahl von 13 für Familien mit Kindern geeigneten Unterkünften.
Die Preise beziehen sich auf eine Person pro Tag im Doppelzimmer, wenn nicht anders angegeben mit Halbpension (Vorsaison-Hauptsaison). Bei Ferienwohnungen wird der Preis pro Apartment und Tag (Basispreis für eine Woche Aufenthalt), auf Campingplätzen für

Ein wichtiger Hinweis für alle, die ihr Haustier mit auf Reisen nehmen

einen Bungalow oder ein Mobilheim angegeben. Wenn Kinderanimation bzw. Miniclub erwähnt sind, bezieht sich das meistens auf die Zeit von Juni bis Ende August. Reihenfolge der Unterkünfte von Osten nach Westen.

Feriendorf La Francesca
Località La Francesca, 19011 Bonassola (zwischen Levanto und Deiva Marina), Tel. +39 0187-81 39 11, infofran@villaggilafrancesca.it, www.villaggilafrancesca.it. Nov-Feb geschl.
Weitläufig am Berghang über dem Meer angelegtes Feriendorf mit viel Grün, unglaublich viel Auslauf (15 Hektar), alle Reihenhäuser mit Parkplatz und Meerblick, großer Pool, eigener Kiesstrand mit Naturpool für Kinder (mit dem Buggy erreichbar), am Strand Radweg Framura-Levanto. Einfache Apartments mit Küche und Terrasse, großer Spielplatz, Minigolf, Tischtennis, Fußballplatz, Minimarkt (Brot auf Bestellung), Bar für Frühstück und Aperitif, Abendrestaurant (Kindermenü und Take-away), mit Terrasse.
Apartment, 2 plus 2 Betten € 120-160, Juli/Aug nur für mindestens 7 Tage möglich € 1.400.

Hotel Clelia *(mit Ferienwohnungen)*
Corso Italia 23, 19013 Deiva Marina, Tel. +39 0187-826 26, info@clelia.it, www.clelia.it. Ende März-Anf. Nov.
Von der Familie geführt, Garten mit Pool (1 Meter tiefe Kinderecke), Schwimmkurs für Kinder, Parkplatz am Haus, 100 Meter zum Strand

Jede Menge Wasserspaß für die Kleinen im Oasi Belpiano

(siehe S. 17). Sonnenschirm und zwei Liegen für Hotelgäste frei (außer Aug), kostenloser Verleih von Fahrrädern, Kinderspielplatz, berühmtes, preiswertes Restaurant, Kindermenü. Für Familien empfehlenswert: 4 Ferienwohnungen neben dem Hotel, bis zu 5 Betten, mit Kochnische, kindergerechte Ausstattung, 2 Kochecken im Garten.
€ 60-190 (Wohnung mit 5 Betten), € 80-200 (Wohnung mit 6 Betten), Frühstück im Hotel € 7, Abendessen im Hotel Erw. € 27 (ab 10 J.), Kinder (bis 5 J.) € 8, (6-10 J.) € 13.

Piccolo Hotel Moneglia
Corso Libero Longhi 19, 16030 Moneglia, Tel. +39 0185-493 74, www.piccolohotel.it. März-Okt.
Kleines Hotel in der Ortsmitte, von der Familie geführt, 100 Meter zum Strand (siehe S. 18), Restaurant, kleines Hallenbad, Kinderspielplatz, Küche für Zubereitung von Babynahrung, Familienzimmer mit Doppel- und Etagenbett oder 2 Doppelbetten, Mitte Juni-Mitte Sep Kinderanimation und Betreuung beim Abendessen.
€ 70-110, Kinder (bis 2 J.) gratis, (2-12 J.) 50 %, (ab 12 J.) 30 % Ermäßigung.

Oasi Belpiano
Via Belpiano 14, 16041 Borzonasca, Tel. +39 0185-34 00 12, info@oasibelpiano.it, www.oasibelpiano.it. Ganzjährig.
Ein wahres Naturparadies für Familien, mitten im Aveto-Regionalpark. Unterkünfte in allen Kategorien, Restaurants, Sport und Spiel, Wanderungen und Radwege, nebenan Italiens erster Abenteuerpark „Indian Forest“ mit 1,5 Kilometer Hochseilstrecken . Zwei Jugendherbergen, Ferienwohnungen mit Küche, einfache Holz-Bungalows und Campingplatz stehen in dem Urlaubskomplex zur Auswahl; Fußball- und Mehrzwecksportplatz, Picknickplatz mit Grill und Spielplatz, große Hüpfburgenlandschaft (gegen Gebühr), preiswerte Trattoria (Tagesmenü mit Getränk € 10, Menü vom Büfett € 15).
Ferienwohnung mit Frühstück pro Pers. € 25-40, Vollpension € 40, Kinder € 32.

Jugendherberge Casa Ferie Colombo
Via Dogali 2, 16038 Santa Margerita Ligure, Tel. +39 393-704 77 21 (mobil) oder +39 338-974 34 03 (mobil), info@istituto-colombo.com, www.istituto-colombo.com. Ganzjährig.
Gut ausgestattete Jugendherberge mitten im Zentrum, 18 Zimmer für 2-6 Personen, alle mit Bad/WC. Praktische Unterkunft für Wanderungen zur Abtei San Fruttuoso (siehe Tour 2).
Nur Übernachtung € 13-24.

Hotel del Bambino
Via Genova 4, 17024 Finale Ligure, Tel. +39 019-60 16 11 oder +39 333-616 60 56 (mobil), hoteldelbambino@fastwebnet.it, www.hoteldelbambino.it. Mitte Mai-Mitte Sep.
Ein Traumhotel für Kinder und Eltern, alles kindgerecht, von der Einrichtung der Zimmer bis zur Bestuhlung und dem Besteck im Speisesaal. Breiküche Tag und Nacht, schneller Kinderarzt-Service. Animation im Sommer (je 3 Std. im Hotel und am Strand), Spielbereich drinnen und draußen mit Dreirädern und Tretautos, kleines Kinderschwimm-

becken im Garten, Baby-Betreuung 2 Std. pro Tag (unter 12 Monate), kostenlos Fahrräder mit Kindersitzen, Strand 50 Meter entfernt (siehe S. 25), reservierter Platz bei Bagni Boncardo € 5,50-7. Vollpension € 70-100, Baby 3-6 Monate € 18/Tag, sonst folgende Ermäßigungen: Kinder (6-12 Monate) 60 %, (12-24 Monate) 50 %, (2-3 J.) 40 %, (3-12 J.) 30 % Nachlass; Mitte Sep-Mitte Mai nur Übernachtung (außer Weihnachten und Ostern).

Hotel Florenz
Via Domenico Brunenghi 124, 17024 Finale Ligure, Tel. +39 019-69 56 67, info@hotelflorenz.it, www.hotelflorenz.it. März-Okt.
Im ehemaligen Klostergebäude aus dem 18. Jahrhundert herrscht ungezwungenes Leben, hier haben die Kinder Vorfahrt. Die ordentlich ausgestatteten Zimmer sind unterschiedlich groß und heißen Novize, Mönch, Prior und Abt. Zum Abendessen im Restaurant werden auch Getränke serviert, die Teeküche mit Herd, Mikrowelle und Kühlschrank ist rund um die Uhr geöffnet. Es gibt eine große Spielwiese und ein Spielzimmer, im Garten einen kleinen eingezäunten Terrassenpool (10-13 und 15-19 Uhr), in der Hauptsaison Miniclub (4-12 J.), bewachte Parkplätze im Hof, im Sommer kostenloser Minibus-Transfer zum etwa 1 km entfernten Strand, zur Altstadt Finalborgo sind es nur 100 Meter (siehe Tour 7). Radsportler finden einen überwachten Abstellplatz und eine Reparaturwerkstatt, Radverleih gegen Gebühr. € 50-100, Kinder (bis 2 J.) € 5/Tag für Mahlzeiten, sonst Kinder (3-6 J.) 60 %, (7-12 J.) 40 %, (13-17 J.) 20 % Nachlass.

Residence & Hotel Loano 2 Village
Via degli Alpini 6, 17025 Loano, Tel. +39 019-679 11, info@loano2village.it, www.loano2village.it. Ganzjährig.
Sehr großzügige, komfortable Anlage mit Hotel und Apartments, ruhige Lage 2 km oberhalb von Loano und Strand (siehe S. 26), kostenloser Außenparkplatz, Tiefgarage gegen Gebühr, freie Busverbindung nach Loano und zum Strand, 3 Restaurants (Spezialmenü für Kinder, Entwöhnungs-Menü für Babys) und Pizzeria (im Sommer). Außerdem 3 Pools, einer mit Kinderabschnitt, Schwimmhalle (Mai-Okt), Schwimmkurse, Spielplatz und großer, überdachter Sandplatz. Ende Mai-Mitte Sep Miniclubs für 4- bis 8- und 9- bis 12-Jährige sowie Teensclub ab 13 Jahre, außerdem Animation und Sportwettbewerbe für Erwachsene; Fußball- und Tennisplatz, Bogenschießen, Boccia und Tischtennis, Minimarkt und Münzwäscherei, kostenloser Verleih von Fahrrädern mit Kindersitzen und von Kinderwagen, schneller Service mit Kinderarzt und Babysitter.
Im Hotel: € 60-110 (1 Zimmer für 3 Pers.), € 70-120 (2 Zimmer für 4 Pers.), € 80-130 (3 Zimmer für 6 Pers.); im Apartmenthaus: € 45-160 (1-Zimmer-Wohnung für 3 Pers.), € 60-210 (2-Zimmer-Wohnung für 4 Pers.), € 85-295 (3-Zimmer-Wohnung für 6 Pers.),

Hotel Residence Oliveto
Via Romana 31, 17023 Ceriale, Tel. +39 0182-91 11, info@residenceoliveto.it, www.residenceoliveto.it. Weihnachten-Ende Okt.

Helle, freundliche Apartmentanlage in ruhigem Wohngebiet der Stadt, kein Restaurant, komfortable Apartments mit Kochnische oder Küche, großer Meerwasser-Pool (April-Okt), Pool mit kleiner Rutsche für Kinder, Spielplatz mit Sandkasten, Kinderspielraum mit Filmen, großer Park, Tennis- und Fußballfeld, Tischtennisplatten, Ende Mai-Sep Miniclub, tgl. Mini-Disco, Animation und Sportturniere für Erwachsene. € 45-110 (1-Zimmer-Apartment für 3 Pers.), € 65-160 (2-Zimmer-Apartment für 4 Pers.), € 65-160 (2 Zimmer, 2 Badezimmer für 5 Pers.).

Bike-Hotel Maria Nella
Via Cave 1, 17057 Bardineto, Tel. +39 019-790 70 17, info@hotelmarianella.com, www.hotelmarianella.com. Ganzjährig.
Eine hervorragende Station in 711 Metern Höhe für Wanderer-Familien und Radtouristen, gut ausgestattete Zimmer für Familien mit Kindern, Kinderspielplatz, Privatparkplatz, Abstellraum für Fahrräder mit Werkstatt, geführte Touren für Wanderer, Radfahrer und Mountainbiker, preiswertes Restaurant mit lokalen Gerichten (siehe Kasten S. 112). € 43-55, Kinder (bis 5 J.) gratis, (bis 10 J.) 50 % Nachlass.

Diana Grand Hotel
Via Garibaldi 110, 17021 Alassio, Tel. +39 182-64 27 01, info@dianagh.it, www.hoteldianaalassio.it. Anfang Nov-Anfang Feb geschl. (außer Weihnachten/Neujahr).
Komfortables Hotel direkt am eigenen Strand (gebührenpflichtig!), ruhige Lage,

In allen unseren ausgewählten Hotels sind kleine Gäste willkommen!

Vielfältige Aktivitäten in den Mini-Clubs und Erholung für die Eltern

zwei Restaurants (Kindermenü € 5-6), komfortable Zimmer, für Familien Suiten mit Doppelzimmer und umgestaltetem Wohnzimmer (Schlafcouch), Hallenbad mit Sauna, Fitnessraum und Wellnessabteilung, gratis Fahrradverleih, HP-Gäste mit freiem Parkplatz. Günstig für Familien mit Kindern: direkt am verkehrsfreien Strandweg bis zum Zentrum.
€ 135-230, Kinder (3-6 J.) € 35, (7-12 J.) € 45, Extrabett bis 14 J. Preis auf Anfrage.

Hotel Savoia
Via Milano 14, 17021 Alassio, Tel. +39 0182-64 02 77, info@hotelsavoia.it, www.hotelsavoia.it. Ganzjährig.
Komfortables Hotel direkt am eigenen Strand (gebührenpflichtig!), ruhige Lage, zwei Restaurants (Spezialmenü für Kinder), Wellness und Fitness im Nachbarhotel zum Sonderpreis, im Sommer sehr schöner, großer (4 Räume) Mini-Club (2 1/2-10 J.) mit Koch- und Malangebot. Günstig für Familien mit Kindern: direkt an der verkehrsfreien Einkaufsstraße und dem Strandweg.
€ 70-140, Kinder (bis 3 J.) 50 %, (4-6 J.) 30 %, (7-12 J.) 20 % Nachlass.

Villagio dei Fiori
Via Tiro a Volo 3, 18038 San Remo, Tel. +39 0184-66 06 35, info@villaggiodeifiori.it, www.hotelsavoia.it. Ganzjährig.
Großzügiges Feriendorf mit gut ausgestatteten Bungalows und Mobilheimen, jeweils zwei Räume, Kochnische, Veranda und Parkplatz, direkter Zugang zum Strand, Restaurant/Pizzeria mit Terrasse, Baby-Restaurant, Mini-Markt, großer Pool und Kinderpool (Mitte Mai-Mitte Okt), Mini-Club, Spielplatz mit Hüpfburgen und Trampolin, Mehrzwecksportplatz, Sportturniere, Fahrradverleih gegen Gebühr; Camperservice. Bungalow oder Mobilheime für 4 Pers. tgl. € 60-150, für 5 Pers. € 90-185, zusätzlich € 10 pro Tag für Strom, Wasser, Gas etc., HP möglich: Erw. € 20, Kinder (2-10 J.) € 12.

Keine Angst vor Drachen

Der Legende nach lebte in Ligurien einst ein gefährlicher Drache, der Schafe und sogar Menschen verschlang. Sein giftiger Atem verpestete die Luft. Doch keine Angst: Dem heiligen Georg gelang es mit Gottes Hilfe die Bestie zur Strecke zu bringen. Deshalb könnt ihr und eure Eltern beruhigt sein und euren Urlaub genießen. Drachenangriffe auf das Hotel sind nicht zu befürchten.

Einkaufen & Mitbringsel

Ligurien ist ein Olivenland: Überall stehen die Bäume mit ihren glitzernden Blättern auf schmalen Terrassen. Ob für die Küche daheim oder als Mitbringsel für Freunde – eine Flasche Olivenöl von der Italienischen Riviera kommt immer gut an. Oder ein Glas mit der steinlosen, in Öl eingelegten Taggiasca-Olive. Ein paar zuverlässige Adressen: in Genua **Le Gramole Olioteca** [Via die Macelli di Soziglia 69, www.legramole.com], in Albenga **Il Museo Sommariva** [Via G. Mameli 7, www.oliosommariva.it], sechs Kilometer nordwestlich in Bastia d'Albenga der Familienbetrieb **Bio Vio** [Via Crociata 24, www.biovio.it] mit garantierter Bio-Ware. Weiter westlich in Borghetto d'Arroscia bei der **Azienda Agricola La Baita** [Borgo Gazzo 19, www.labaitagazzo.com] die besten Taggiasca-Oliven und anderes eingelegtes Gemüse wie Trompeten-Zucchini, Artischocken, Kirschtomaten etc.
Außerdem empfehlenswert ist die Suche nach Mitbringseln in Imperia in den Verkaufsräumen des **Museo dell'Olivo** (siehe Kasten) oder in Badalucco z. B. bei **Roi** (siehe S. 84).

Bringen Sie doch ein original Pesto alla Genovese aus dem Urlaub mit

6.000 Jahre Geschichte der Oliven

18 Räume darf man durchstöbern, um die wunderbare Geschichte der Olive, ihre Kultivierung und Produktion (teils per Video) zu erleben. Um 4.000 v. Chr., während der Kupferzeit, begannen Landwirte der Mittelemeerküste im heutigen Syrien und im Libanon die öligen Früchte zu züchten. Die Museumsbesucher können die historische Entwicklung bis zur heutigen Produktion des gesunden Olivenöls miterleben. In der Erntezeit zwischen Dezember und März können Neugierige auch live in der modernen Ölmühle der Gebrüder Carli dabei sein. ***Museo dell'Olivo****, Via Garessio 13, 18100 Imperia, Tel. +39 0183-29 57 62, www.museodellolivo.com, Mo-Sa 9-12.30 und 15-18.30. Erw. € 5, Kinder (6-18 J.) und Senioren (über 65 J.) € 2,50, Familien (Eltern und Kinder 6-24 J.) € 10, Audioguide € 4.*

Pesto kaufen – eine Vertrauenssache

Was das Glitzern der Olivenblätter in der Sonne für die Augen, ist für die Nase der über dem Land liegende Duft nach Basilikum, ein Kraut, das für das Pesto Genovese verwendet wird, einer Soße zu

Pasta oder Brot, zu Suppen und Salaten (Rezept siehe S. 13). Beim Einkauf ist Vorsicht geboten, da einige Anbieter auf billigere Zutaten zurückgreifen: z. B. günstigere Cashew-, Hasel- oder Walnüsse statt teurer Pinienkerne, Sonnenblumenöl statt Olivenöl.
Wer nichts zu verbergen hat, schreibt die Zutaten auf das Etikett: Basilikum, natives Olivenöl extra, Pinienkerne, Parmesan oder Pecorino, Meersalz, Knoblauch, Weinessig, Fructose. Wer Genua besucht, findet dort eine vertrauensvolle Adresse: **Laboratorio Artigianale Pesto Genovese** [Via Volturno 6 a r, 16129 Genova, Tel. +39 010-864 14 01, www.pestoparodi.com].

Bequemes Shopping im Centro Comerciale

Egal welche Geschenke und Mitbrinsel Sie suchen, ergiebig und erlebnisreich ist ein Familienausflug zu einem der großen Einkaufszentren. Eine gute Adresse in Genua ist das **Centro Commerciale Fiumara** [Via Fiumara 15/16, www.fiumara.net, tgl. 9-21 Uhr, großer Parkplatz]. Hier können nicht nur die meisten Einkäufe erledigt werden, es gibt dort auch sieben Restaurants, einen Supermarkt, Kino, Bowling und 600 Quadratmeter Spielfläche für die Kids.

Eine große Auswahl an Kunsthandwerk

Von Keramik, Metallarbeiten und Webartikeln über Dekorationen und Möbel bis hin zu ligurischen Spezialitäten der Bauern und Konditoren – all das finden Sie in Genua im **Palazzo Imperiale** (1560, Francesco Imperiale) in den Ausstellungsräumen **Liguriastyle.it** [Palazzo Imperiale, 2. Etage, Piazza Campetto 8, 16123 Genova, Tel. +39 010-26 10 36, www.liguriastyle.it, tgl. 10-18.15 Uhr (außer Mi)].

Edler Brokat und federleichte Stühle

Damast und Brokat werden seit 1849 in **Zoagli** hergestellt. Die berühmteste Adresse mit Werkstatt, wo uralte Holzwebstühle klappern und rattern, ist **Cordani Velluti** [Werkstatt in der Via Aurelia 102-104, Verkauf in der Via San Pietro 21, 16030 Zoagli, Tel. +39 0185-25 91 41, www.tessiturecordani.it, Mo/Mi-Sa 9-18 Uhr]. In manchen Schreinereien Liguriens versteht man sich auf die Produktion leichter Möbel. Wer noch Platz im Auto hat, verguckt sich vielleicht in einen der eleganten, handgemachten Stühle, die mit einem Finger hochgehoben werden können. Zwei gute Adressen: **C.M. Restauro Mobili Antichi** [Vico dei Garibaldi 15-17 r, 16123 Genova, Tel. +39 010-246 27 14, www.restauromobililegno.com] und die Geburtsstätte der klassischen Chiavarine: **Filli Levaggi** [Via Parma 469, 16043 Chiavari, Tel. +39 0185-38 30 92, www.levaggisedie.it]. Eine Variante der leichten Stühle gibt es bei **Podestà Adriano Sedie** [Via Aldo Gastaldi 17, 16043 Chiavari, Tel. +39 0185-30 82 08, www.podestasedie.com].

Majolika, ein bewährtes Geschenk

Schon seit dem 15. Jahrhundert ist der Ortsteil **Albisola Superiore** [Tourist Information Office, Passeggiata a Mare E. Montale, Piazzale T. Marinetti 1, 17011 Albisola Superiore, Tel. +39 019-451 09 48, albisolasuperiore@inforiviera.it]

Filigrankunst aus aller Welt

Wer mehr über die Filigrankunst wissen will, besuche Europas einziges Filigranmuseum, das ***Museo della Filigrana****, Via della Giustizia, 5 16013 Campo Ligure, Tel. +39 010-92 00 99, www.museofiligrana.org, Di-Do nach Voranmeldung, Fr 15.30-18, Sa/So 10.30-12 und 15.30-18 Uhr. Erw € 4, Kinder (bis 14 J.) frei. In der technischen Abteilung wird die Herstellung der Gold- und Silberdrähte gezeigt, bei der früher auch Kinder helfen mussten. Bei den Endprodukten aus aller Welt werden alle Augen größer. Wer findet die zwei kämpfenden Ritter oder die von Pferden gezogene Staatskarosse?*

für seine weiß-blaue Keramik bekannt. Um alle Stilrichtungen von Majolika, bemaltem und dann glasiertem Ton, sowie modernen Kreationen zu erfassen, hier drei Adressen: **Casa dell'arte** [Via Colombo 91, Loc. Capo, Tel. +39 019-48 74 14, www.ceramicadialbisola.com], **Ceramiche Gaggero** [Via Spotorno 9, Tel. +39 019-48 99 30, ceramichegaggero@gmail.com], **Ceramiche Guarino** [Corso Mazzini 46, Tel. +39 019 400 40 03, www.ceramicheguarino.com].

Schmuck aus Gold und Silber

Ein schöner Ausflug, verbunden mit dem Kauf wundervoller Mitbringsel, ist der Besuch von **Campo Ligure** [Pro Loco, Piazzetta del Gelso 5, 16013 Campo Ligure, Tel. +39 010-92 10 55, www.prolococampoligure.it]. Als im 14. Jahrhundert die Pest in Genua ausbrach, zogen sich die Filigran-Spezialisten in das ungefährdete Stura-Tal zurück und wurden in Campo Ligure sesshaft. Bis heute ist das Städtchen Zentrum des Filigran-Kunsthandwerks geblieben, werden Schmuck und Figuren aus Gold- oder Silberfäden kunstvoll geflochten. Vorsicht beim Einkauf, es gibt auch Geschäfte mit billiger Ware aus Fernost. Geschäfte mit dem Garantiezeichen „Artigiani in Liguria" versprechen Handarbeit in traditioneller Weise, z. B.: **Eredi Di Matteo Bongera** [Via Saracco 1, Tel. +39 010-92 10 67, www.bongerafiligrana.com], **Effe-Erre** [Via Valle Calda 7, Tel.+39 010-92 13 81, www.effe-erre.com], **Gierre** [Piazza Martiri della Benedicta 11, Tel. +39 010-92 10 26, www.gierresilver.it], **Metart** [Via G. Saracco 14-16, Tel. +39 010-92 02 56, www.metartgioielli.com].

Filigranen Schmuck aus Silber und Gold bekommt man in Campo Ligure

Festkalender

Januar

Blumencorso „I Carri Fioriti“ in San Remo am letzten Sonntag des Monats, ein Highlight für Blumenfreunde.

Februar

Schlagerfestival in San Remo Ende Februar (Auskunft über Termine www.sanremo.rai.it).
„Sagra della Mimosa“ in Pieve Ligure am 1. oder 2. Sonntag (Infos unter www.comune.pieveligure.ge.it), Mimosen-Festzug mit kostümierten Kindern.

März/April

Karfreitag: „Processione del Venerdi Santo“ in Savona mit holzgeschnitzten Passionsdarstellungen.
Karwoche: Barocke Skulpturen und traditionelle Gesänge in Ceriana, nördlich von San Remo (www.tere-ceriana.it)

In der größten Bratpfanne der Welt brutzeln im Mai in Camogli Fische

Gesetzliche Feiertage

1. Januar: Neujahr
6. Januar: Dreikönigsfest (Epifania)
Ostermontag wird in ganz Italien groß gefeiert
25. April: Tag der Befreiung/ Nationalfeiertag
1. Mai: Tag der Arbeit
2. Juni: Proklamation der Republik/Nationalfeiertag
15. August: Mariä Himmelfahrt/ Ferragosto
1. November: Allerheiligen
8. Dezember: Mariä Empfängnis
25. Dezember: Weihnachten
26. Dezember: Hl. Stephan

Mai

„Sagra del Pesce“ am 2. Sonntag in Camogli – ein Fischfest mit der größten Bratpfanne der Welt.
Segelregatten in Santa Margherita und Portofino.

Mai/Juni

„Andersen-Festival“ am Strand von Sestri Levante mit zauberhaften Darstellungen von Performancekünstlern und Theaterleuten. Termine und Informationen auf www.andersenpremio.it oder www.andersenfestival.it.

Juni

„Suq“ in der ersten Hälfte des Monats in Genua am Porto Antico – ein Bazar mit Händlern und Künstlern aus vielen Ländern, Musik und Theater. Informationen bei www.suqgenova.it.
Mitte des Monats Blumenumzug mit

Blumenschlacht „Battaglie dei fiori“ in Ventimiglia. Genaue Termine auf www.battagliadifiori.com.

Juli

Marienfeier „Madonna di Monte Allegro“ Anfang Juli in Rapallo mit Prozessionen, Märkten, Feuerwerk, nachts Lichtertanz auf dem Meer. Informationen auf www.festediluglio.it.
„Goa-Boa-Festival“, Musik aus aller Welt, an mehren Tagen in der 1. Monatshälfte in Genua, Porto Antico. Informationen auf www.goaboa.it.
„Festa della Maddalena“ am 3. Wochenende in Taggia, archaisches Fest mit Totentanz. Informationen auf www.taggia.it und www.eventiesagre.it.
„Harpae-Festival Internazionale delle Arpe“, stimmungsvolles Harfenkonzert am letzten Wochenende in Isolabona. Termine auf www.puntoventimiglia.it.

Juli/August

„Festival Internazionale di Musica da Camera“, traditionelles Kammermusikfestival an mehreren Tagen in Cervo. Genaue Termine bei www.cervo.com/festival.

August

„Palio del Golfo“, Ruderwettkampf am 1. Sonntag in La Spezia mit Umzügen, Konzerten, Schlemmerbuden und Feuerwerk, www.paliodelgolfo.it.
„Festa della Stella Maris“, Bootsprozession am 1. Sonntag in Camogli zur Punta Chiappa, unzählige Lichter auf dem Meer. Infos unter www.camogli.it.
An Mariä Himmelfahrt (Ferragosto, 15. August) am Urlaubsort nach Prozessionen und Straßenfesten fragen.
„Agosto Medievale“ an mehreren Tagen in Ventimiglia, Ritterspiele, Einheimische spielen mit historischen Kostümen das Mittelalter nach, Paraden und Prozessionen. Termine bei www.enteagosto medievale.it.

September

Anfang bis Mitte des Monats treten beim „Festival Musicale del Mediterraneo“ in Genua Musiker vieler Länder auf. Genaue Termine unter weitere Informationen bei www.echoart.org.

Oktober

„Salone Nautico“ in der 1. Oktoberwoche in Genua, die größte Bootsmesse der Welt, Termine und Buchung bei www.genoaboatshow.com

Dezember

„Confuego“, das traditionelle Fest des Feuers und des Lichtes in Genua, großes Straßenfest und Volkstänze. Mindestens vierzig Krippen können besucht werden. In Manarola/Cinque Terre beleuchten mehr als 15.000 Lichter jeden Abend die über 300 Krippenfiguren.
In Tellaro südöstlich von Lerici werden an Weihnachten 5.000 kleine Lichter durch die engen Gassen getragen und am Strand auf das Wasser gesetzt.
Beim „Cimento Invernale“ können auch mutige Gäste mitmachen: In Ceriale, Varazze, San Remo und Alassio springen Männer, Frauen und auch Kinder ins kühle Mittelmeer und wärmen sich danach mit heißen Getränken auf.

Weitere Informationen bei den örtlichen Touristeninformationen oder unter www.turismoinliguria.it.

Flora & Fauna

Rund 70 Prozent der terrassenartig aufgebauten Region sind bewaldet. Ein grüner Vorteil, der vor allem im Sommer Ausflüge ins Landesinnere so reizvoll macht. Vom Meer aus gesehen erhebt sich bereits am östlichen Beginn Liguriens, über dem Golfo dei Poeti, der **Regionalpark Montemarcello-Magra** mit Pinien, Aleppo-Kiefern und Eichen (siehe S. 30). Gleich um die Ecke wurde die reizvolle Felsenlandschaft der **Cinque Terre** durch Menschenhand verändert, steile Weinterrassen streben nach oben bis zum Waldrand. Wer mit einem Fernglas unterwegs ist, entdeckt hoch in den Lüften Schlangenadler und Mäusebussarde, mit etwas Glück sogar Steinadler und Wanderfalken.
Über dem **Golfo del Tigullo** (nach dem Stamm der Tigulli, 8.-7. Jh. v. Chr.), zwischen Portofino und der Punta Manara bei Sestri Levante, glitzern Olivenhaine an den Hängen. Dahinter beginnt der **Aveto-Regionalpark** (siehe S. 42), dessen Mischwälder von Buchen und Weißtannen geprägt werden. Die Küste aufwärts folgt dann der **Portofino-Naturpark** (siehe S. 47), ein wildromantisches Naturjuwel, dessen Felsenlandschaft ein Mischwald aus Steineichen, Aleppo-Kiefern, Flaumeichen und Steinbuchen schmückt. Störend nur die dürren Skelette der Seekiefer, die von Menschen hierher eingeschleppt wurde und in fremder Umgebung den Schädlingen nicht Widerstand leisten kann. Das Waldökosystem ist gestört und entsorgt die Kiefern auf natürliche Art.

Ein schönes Fotomotiv in Ligurien: die Mittelmeermöwe

Vorsicht vor Wildschwein-Müttern

Gestört ist auch das Ökosystem im Gebiet Portofino, in den Wohnvierteln um Genua und im zur Stadt gehörenden Val Polcevera, sowie in den Cinque Terre: Wildschweine dringen immer häufiger auf Nahrungssuche in bewohnte Gebiete ein. Auf der Via Julia Augusta (siehe S. 68) zwischen Alassio und Albenga wird sogar geraten, in der Abenddämmerung den Schwarzkitteln die Vorfahrt zu lassen. Vor allem wenn die Muttersau von Frischlingen begleitet wird.

Ponente: Palmen und Gewächshäuser

Machen wir einen Sprung rüber zur westlichen **Riviera di Ponente**, deren erster Teil zwischen Varazze und Laigueglia den Namen **Riviera delle Palme** (Palmenriviera) angenommen hat. Wie der Name schon erahnen lässt:

Hier spazieren Urlauber im Schatten majestätischer Kanarischer und Echter Dattelpalmen und lauschen dabei dem Geschrei der zahlreichen Mittelmeermöwen. Die folgende **Riviera dei Fiori** (Blumenriviera) zwischen Laigueglia, San Remo und Ventimiglia täuscht mit seinem Namen Natur und Romantik vor, doch der Traum von Rosengärten, von Feldern mit Nelken, Zinerarien und Anemonen ist ausgeträumt. 80 Prozent der italienischen Schnittblumen werden in Gewächshäusern gezüchtet und die großen Glaskästen beherrschen die Hänge. Sehr schade, aber Strandbesuche oder ein Besuch der tollen Gärten (siehe S. 96 und 97) entschädigen ein wenig für diese Naturverschandelung.

Wunderwelt der Macchia

Allein die Macchia hinter der Küste, das wilde Buschwerk unter Pinien, Steineichen und Johannisbrotbäumen mit essbaren Karuben, ist eine Reise wert. Gut dran ist, wer ein Pflanzen-Bestimmungsbuch dabei hat. An der Spitze der Büsche zeigt der Mastixstrauch seine roten, nicht essbaren Beeren. Das Harz aus der Rinde wird für Hautkleber zum Befestigen falscher Bärte verwendet, aber auch als Weinwürze für den griechischen Retsina. Ebenfalls im hohen Bereich der Macchia lockt im Herbst der Westliche Erdbeerbaum mit orangefarbenen bis roten Früchten, die essbar sind. Im Hinterland von Ventimiglia ist manchmal neben den Büschen ein lautes Scharren zu hören. Leise! Es könnte sich um das wilde, bunte Bankivahuhn handeln, von dem unsere Haushühner abstammen. Weiter nördlich duften zwischendurch die Blätter verkümmerter Feigenbäume

Reife Früchte des Erdbeerbaums sind orange bis rot – und essbar

oder es riecht nach Knoblauch, der manchem Genießer das Abendessen veredelt. Süß und fruchtig hingegen lockt in der Macchia die Myrte, weiß blühend mit vielen feinen Staubblättern; aus Blättern und Zweigen wird in manchen Gegenden ein nach Eukalyptus schmeckendes Öl gewonnen. Bienen und Hummeln umschwärmen den gelben, duftenden Ginster.

Sexualtäuscher und süße Düfte

Jetzt wird es aber Zeit, in die Knie zu gehen, denn unter der Macchia zeigt sich eine neue Wunderwelt. Zuallererst die Orchideen: Zur Gruppe der Orchis gehört das Italienische Knabenkraut, ein reichblütiger weißlich bis rosafarbener Blütenstand, halbkugelig oder zylindrisch. Die Ophrys (auch Ragwurzen) gehören zu den Sexualtäuschern: Sie täuschen mit ihren Blüten ein Weibchen vor und kleben den getäuschten Bienen-, Hummel-, Wespen- oder Spinnenmännchen zwei Pollenbatzen auf die Stirn – und ab geht es zur Befruchtung beim nächsten, falschen Blütenweibchen. Nur mit dem süßen Duft ihres Nektars locken hingegen Alpenveilchen, Zwergiris und das Narzissenblütige Windröschen die Insekten, sich mit ihren langen Rüsseln den Honigmagen zu füllen.

Von giftigen und fliehenden Nattern

Wenn es im Hinterland der Blumenriviera zwischen den Orchideen raschelt, könnte es sich um die Europäische Eidechsennatter handeln. Die braungraue, regelmäßig geschuppte Natter ist mit zwei Metern Länge Europas größte Giftschlange. Keine Angst, ruhig verhalten, sie ist scheu und verschwindet schnell. Vielleicht raschelt dort aber auch Europas größte Eidechsenart, die bis zu 80 Zentimeter große Perleidechse mit grüngelbem Rautenmuster und blauen Perlen an den Flanken. Fotoglück hat man eher am Vormittag, wenn sich die Schönheit auf einem Stein in der Sonne wärmt. Weiter oben, rund um Triora (siehe S. 83) raschelt oder sonnt sich dann eher die bis 140 Zentimeter große Gelbgrüne Zornnatter, erkennbar am länglichen Kopf, runden Pupillen und hellgrünen bis gelben Längslinien auf dunklem Untergrund.

Was haben Zistrosen mit der Bibel zu tun?

Überall, wo es Macchia und lichte Wälder gibt, freuen sich Naturfreunde immer wieder über die Familie der Zistrosen. Am meisten über die Weißliche Zistrose deren dunkelrosafarbenen Blüten an zerknitterte Seide erinnern. Bei der weiß blühenden Montpellier-Zistrose mit leuchtend gelben Staubblättern riechen die Äste und Blätter stark harzig und sie sind klebrig. Neugierige Kinder sollten nach dem Test die Hände waschen, manche Leute sagen, die Pflanzen seien giftig. Weiß blüht auch die Salbeiblättrige Zistrose. Tatsächlich erinnern die Blätter an den Ästchen an die in der Küche beliebten Salbeiblätter und wurden einst für einen würzigen Tee verwendet. Das Harz der Zistrose wurde früher in der Volksheilkunde gegen Entzündungen und Zeckenbisse verwendet (siehe Kasten). Aber schon in vorgeschichtlicher Zeit hatte die Pflanze große Bedeutung, bzw. die aus ihr gewonnene Myrrhe. Im alten Ägypten brauchte man den Duftstoff zur Einbalsamierung. Und im Neuen Testament steht geschrieben, dass die Heiligen Drei Könige dem Jesuskind u. a. Myrrhe brachten.

Warum die Ziegen meckern

In manchen Gebieten wurden früher die Ziegenherden durch die dichte Macchia gejagt, damit an ihren zottigen Fellen das klebrige Harz der Zistrosen haften blieb. Nachdem die Ziegen geschoren waren, wurde das Haar in großen Kupferkesseln gesiedet. Das Harz trennte sich vom Wasser und wurde als Heilmittel gegen Entzündungen und zur Stärkung des Immunsystems verwendet. Man sagt, als die nackten Ziegen sahen, wie ihr wärmendes Kleid im Kessel zerkocht wurde, begannen sie zu meckern – und tun dies bis zum heutigen Tag.

Geschichte

In Afrika beginnt die Geschichte des aufrecht gehenden Menschen (Homo erectus) bereits vor 1.800.000 Jahren. Knochenfunde in den Toirano-Bergen belegen, dass sein europäischer Nachfolger, der Homo heidelbergensis, vor rund 350.000 bis 380.000 Jahren in Ligurien lebte (Altpaläolithikum).
Reste von Feuerstellen in den Gebieten Mánie und Balzi Rossi (an der französischen Grenze) sind allerdings sogar 500.000 Jahre alt.

Neandertaler treffen auf den modernen Menschen

Die Besiedlung des ligurisch-provenzalischen Raums durch den Neandertaler geschah im Zeitraum vor 130.000 und 40.000/30.000 Jahren. Die Funde in Arma della Mánie (siehe S. 66) werden auf 70.000 Jahre datiert, eine erste Bestattung liegt 50.000 Jahre zurück (Fundort Balzi Rossi). Den Fossilien des Homo sapiens, also unseres direkten Vorfahren, werden ein Alter zwischen 40.000 und 38.000 Jahren gegeben (Jungpaläolithikum). In dieser Zeit muss auch die dramatische Begegnung des Neandertalers mit dem modernen Menschen stattgefunden haben. Ob die im Körperbau primitivere Spezies ausgerottet wurde oder sich mit dem Homo sapiens vermischt hat, darüber streiten sich die Wissenschaftler.
Wahrscheinlicher und sympathischer ist aber letztere Vermutung, denn sicher hat es auch unter den Neandertalern einige feundliche und begehrenswerte Wesen gegeben.

Ligurer lernen Ackerbau und Viehzucht

Ligurische Stämme besiedeln um 2000 v. Chr. das westliche Alpengebiet sowie die hügelige Landschaft bis rüber in die heutige Provence (Rhonegebiet) und Toskana (Lunigiana). Sie treiben Ackerbau in den Tälern, lernen mit Werkzeugen umzugehen und Vorräte anzulegen, nutzen Jagdgebiete in höheren Lagen und schaffen Weiden für das Vieh durch Abholzung der Tannenwälder. Der Stamm der Ligurer errichtet um 1200 v. Chr. Statuenmenhire mit menschlichen Formen (siehe S. 90)

12.340 Jahre alter Fußabdruck

Noch genauer schätzen können die Wissenschaftler das Alter der Abdrücke eines nackten Fußes, von Fingerkuppen und Knien in einer der insgesamt 70 Toirano-Höhlen (siehe S. 87). Sie beweisen, dass vor 12.340 Jahren hier Menschen Zuflucht gefunden haben, zur gleichen Zeit wie der Höhlenbär. Zeugnis ist ein Bärenfriedhof mit etwa 100 Skeletten dieser zotteligen Tiere.

Eroberung durch Kelten und Römer

Einen großen Schritt macht dann die Menschheit mit der Gründung von Dörfern, mit der Bauern- und Hirtenkultur (siehe Kasten). Ab 700 v. Chr. bemächtigen sich die kriegerischen Kelten der fruchtbaren Gebiete, drängen viele

Ligurer kämpfen gegen die Römer – im Museo Archeologico, Finalborgo

Bauern, Hirten und Jäger in Richtung Küste, in den schmalen Streifen der heutigen Italienischen und Französischen Riviera zurück. Im 4. Jh. v. Chr. gründet der ligurische Stamm der Ingauni den Küstenort Albingaunum, das heutige Albenga. Der Großteil der keltischen Armee setzt seinen Eroberungsfeldzug fort und schlägt im Jahr 387 v. Chr. die Römer, plündert Rom und brennt es nieder. Aber Rom erholt sich und zieht erobernd nach Norden, ab 238/236 v. Chr. ist das ingaunisch-keltische Land römisch. Trotz erbitterter Widerstände (187-175 v. Chr.) wird ein ligurischer Stamm nach dem anderen besiegt, versklavt oder gar umgesiedelt.
Der römische Kaiser Augustus (63 v. Chr. – 14 n. Chr.) setzt den Siegeszug fort, weitet „Liguria" aus bis nach Mailand und Gallien (Provence).
Erst Kaiser Diokletian (244-313 n. Chr.) zieht neue Grenzen an der Wasserscheide der Seealpen zwischen Ligurien und Gallien.

Ende Roms, die Barbaren kommen

Das Weströmische Reich ist im Jahr 476 n. Chr. zu Ende und Ligurien frei von bewaffneten Legionären. Aber auch frei für Eroberungen und Überfälle. Zuerst fallen die Langobarden (568-774) in Italien ein. Ligurien, zunächst oströmisch-byzantinisch, wird 641 mitsamt der Hauptstadt Genua vom Langobardenkönig Rotari erobert. Von 774 bis 887 gehört Genua zum karolingischen Frankreich. Ab dem 8. Jahrhundert wird Ligurien von den Sarazenen überfallen und ausgeraubt, das Land entvölkert.

Genua wird Seemacht

Im Jahr 936 erringt Genua den ersten Sieg gegen die Plünderer und vertreibt 1017 zusammen mit der Seemacht Pisa die Araber aus Sardinien. Zug um Zug werden Stützpunkte an der afrikanischen Küste errichtet, der Handel mit der iberischen Halbinsel verstärkt. Die Monarchien in Portugal und Spanien erhalten Hilfe beim Aufbau leistungsfähiger Flotten gegen die Mauren.
1097 und 1104 unterstützt Genua die Kreuzzüge, erreicht Wohlstand durch den Orienthandel und wird 1162 selbständiger Stadtstaat. Es folgen ständige Auseinandersetzungen mit den anderen italienischen Seerepubliken Venedig, Pisa und Amalfi.
Im 13. Jahrhundert besiegt Genua Pisa und Venedig. Nach Anerkennung Genuas durch Deutsche, Neapolitaner und Mailänder wird die Stadt 1339 ein unabhängiger Staat und der erste Doge, Simone Boccanegra, wird gewählt. Doch die Kriege gehen weiter, 1381 erobert Venedig Genua, das dadurch seinen Ein-

fluss im Orienthandel verliert und jahrzehntelang zum Spielball von Frankreich und Mailand wird.

Mit der Entdeckung Amerikas endet das Mittelalter

Der 1451 in Genua geborene Christoph Kolumbus entdeckt 1492 im Auftrag der spanischen Krone die Neue Welt. Doch Genua ist weiterhin das Opfer anderer Mächte: 1499 Eroberung durch Frankreich unter Ludwig XII., 1522 durch Kaiser Karl V. 1528 befreit der erfolgreiche genuesische Admiral Andrea Doria (1466-1560) Genua, reformiert die Verfassung und regiert die Stadt 30 Jahre lang als Alleinherrscher. 1576 bekommt Genua eine republikanische Verfassung und verteidigt seine Unabhängigkeit trotz Angriffen der Savoyer (1673), Bombardement der Franzosen (1684) und Besetzung durch die Österreicher (1746). 1796 besetzt Napoleon Bonaparte Genua und gründet 1797 die demokratische Ligurische Republik, die 1805 Frankreich angeschlossen wird. Nach der Niederlage Napoleons beginnt mit dem Wiener Kongress 1814 eine Neuordnung der europäischen Grenzen und Ligurien wird als „Herzogtum Genua" dem savoyischen Königreich Sardinien einverleibt. Nach der langen Freiheits- und Einigungsbewegung Italiens (Risorgimento) von 1821 bis 1861 wird Ligurien Teil des neuen Königreichs Italien.

Wollte Kolumbus wirklich Indien entdecken?

Als Christoph Kolumbus am 12. Oktober 1492 die ersten Inseln des amerikanischen Kontinents erreicht hatte, glaubte er, nach Cipango (früherer Name für Japan) gelangt zu sein. Von dort wollte er weiter zu seinem Ziel, nicht nach Indien, wie meistens behauptet wird, sondern nach China. Zitat aus dem Logbuch: „Jedoch habe ich mich entschlossen, das Festland und die Stadt Qui(n)say aufzusuchen. Dort werde ich dem großen Khan die Briefe Eurer Majestät überreichen, um eine Antwort ersuchen und damit zurückkehren." Zur Zeit des Kolumbus verstand man nämlich unter „Las Indias" Indien selbst aber auch „Hinterindien" – also Ostasien. Deshalb das Missverständnis. Und bei Quinsay handelt es sich um das heutige Hangzhou im Osten Chinas.

Das 20. und 21. Jahrhundert

Der international wichtige Hafen Genuas wird im Zweiten Weltkrieg von 1939 bis 1945 durch Bombenangriffe stark zerstört. Ab 1943 beginnen in den Bergen Liguriens heftige Partisanenkämpfe gegen die deutsche Besatzung.
1948 werden in Italien Gebietsreformen durchgeführt und Ligurien wird eine von 20 Regionen. 1992 wird Genuas alter Hafen anlässlich der Kolumbusfeiern (500 Jahre Entdeckung Amerikas) zur Touristenattraktion ausgebaut. Im Jahr 2006 wird in Genua die Prachtstraße Strade Nuove mit den Palazzi dei Rolli zum UNESCO-Weltkulturerbe erklärt.

Sport

Angeln

Das Angeln im Meer von der Küste aus ist frei. Für das Angeln in Flüssen und Seen braucht man die Fischereilizenz „Typ B", Auskunft erteilen die Gemeindeämter und Tourismusbüros der Region.

Golf

In Ligurien gibt es elf Golfplätze, vier davon sind 18-Loch-Plätze: Garlenda Golf Club, Circolo Golf Rapallo, St. Anna Golf (Garlenda) und Circolo Golf degli Ulivi (San Remo). Alle wichtigen Angaben bei www.federgolfliguria.it.

Radfahren/Mountainbiking

Tipps für Familien finden Sie in diesem Buch im Kapitel „Zehn Touren, die allen Spaß machen" (siehe Tour 8, S. 68 und Tour 9, S. 74).
Gut auf Radtouren mit Familien eingestellt sind in Finale Ligure die Hotels Del Bambino und Florenz, in Borzonasca die Oasi Belpiano und in Bardineto das Bike-Hotel Maria Nella (siehe „Unterkünfte" ab S. 107). Vorschläge und Karten für Touren gibt es bei den Touristen-Informationen der einzelnen Orte.
Einige Spezialisten für Touren:
www.trailxperience.com (Trails rund um Dolcedo im Val Prino).
www.mountainbiker.ch (breites Programm für Mountainbiker, u. a. die Hochebene Le Manie, bei „suchen" Ligurien eingeben).
www.outdoor-magazin.com (bei „Touren" Italien anklicken oder bei „Suchbegriff" Ligurien eingeben).

Wanderwege wieder frei

In den Cinque Terre wurden 2012 durch lang andauernde Regenfälle fast alle Wanderwege durch Erdrutsche in Mitleidenschaft gezogen. Durch Bau von Stegen und Abstützungen wurden aber 2013/2014 bis auf die Via dell'Amore zwischen Manarola und Riomaggiore alle wiederhergestellt.

www.turismoinliguria.it (Radsportfans können unter „Themen" fündig werden).
Vermietung von Fahrrädern/Mountainbikes, mit Rückgabe an unterschiedlichen Stationen:
www.nolobici.it für den Rad- und Wanderweg „Passegiata al Mare" zwischen San Remo und San Lorenzo al Mare (siehe S. 75).
www.portofinoparkandbike.it für Portofino, Santa Margherita und Camogli.
www.bikeandsunasd.it für Bergeggi, Sportorno und Noli (mit Touren-Organisation, auch Motorbike).

Reiten

Deutschsprachigen Reitunterricht und erlebnisreiche Ausritte für alle Altersklassen erleben Pferdenarren auf der **Azienda Agricola Mulino Martino** [Localitá Martin, 18020 Dolcedo, Tel. +39 0183-28 07 82, arnulf@mulinomartino.de, www.mulinomartino.de]. Für nicht reitende Kinder gibt es in den Ferien ein abwechslungsreiches Freizeitprogramm mit Flusswanderungen, Zirkus etc. [5-13 J., Mo-Fr 9-13, Mi 9-16.30 Uhr, außerhalb der Ferien auf Anfrage].

Ein breites Angebot für Reitunterricht und Ausritte, sowie Ponyhöfe für Kinder und Westernreiten für Draufgänger ist zu finden bei www.reiten.de, Lerchenweg 5, 71686 Remseck, Tel. 07146-281 84 77, niebuhr@dr-web.de.
Reitunterricht, Ausritte und einen Ponyclub (ab 3 Jahre) bietet **Le Perle Nere di Giuele** [integriert in das Feriendorf Il Villagio di Guele, Via Calvisio 37, 17024 Finale Ligure (außerhalb, Wegbeschreibung schicken lassen), Tel. +39 019-60 12 40, info@ilvillaggiodigiuele.it, www.ilvillaggiodigiuele.it oder www.leperlen eredigiuele.it].

Wandern

Tipps für Familien finden Sie im Kapitel „Zehn Touren, die allen Spaß machen" (siehe Tour 4, S. 47, Tour 7, S. 62, Tour 8, S. 68, Tour 9, S. 74). Guten Service für Familien, die mit ihren Kindern wandern wollen bieten folgende Hotels: in Finale Ligure die Hotels del Bambino und Florenz, in Borzonasca die Oasi Belpiano und in Bardineto das Bike-Hotel Maria Nella (siehe „Unterkünfte" ab S. 107). Vorschläge und Karten für Touren gibt es bei den Touristen-Informationen der einzelnen Orte, gut ausgestattet sind z. B. **Comunità Montana dell'Olivo** [Viale Matteotti 56/2, 18100 Imperia, Tel. +39 0183-27 29 81, www.blumenriviera.de] und **Azienda di Promozione Turistica** [Palazzo Riviera, Largo Nuvoloni 1, 18038 San Remo, Tel. +39 0184-57 15 71, www.rivieradeifiori.org] und [I.A.T., Largo Nuvoloni 1, 18038 San Remo, Tel. +39 0184-590 59, www.visitrivieradeifiori.it].
Wandern ohne Gepäck, aber auch anspruchsvolle Touren bietet **cG Touristic GmbH** [Marktplatz 10, 94149 Kösslarn, Tel. 08536-91 91 78, www.wandern.de (Mo-Fr 9-13 und 15-18 Uhr] an. Gute Tipps für kleine Wanderungen bis 3 Kilometer bietet www.turismoinliguria.it.

Wassersport

Tauchen

Unter www.blumenriviera.de sind empfehlenswerte Tauchclubs mit allen Informationen zu finden für die Küstenorte Alassio, Bergeggi, Camogli, Finale Ligure, Imperia, Levanto, Nice, Santa Margherita, Santo Stefano al Mare, Savona, Sestri Levante und Spotorno.

Surfen und Segeln

Unter www.blumenriviera.de sind empfehlenswerte Surfclubs mit allen Informationen zu finden für die Küstenorte Diano Marina, Levanto, Taggia/Arma di Taggia, Alassio, Andora, Finale Ligure und Riva Ligure; für Segelclubs Alassio, Andora, Diano Marina, Finale Ligure und Imperia.

Die Italienische Riviera hoch zu Ross entdecken – Helm nicht vergessen!

Cafés & Restaurants

Verlag: COMPANIONS GmbH,
Bei den Mühren 1, 20457 Hamburg,
Tel. 040-306 04-600,
Fax 040-306 04-690,
E-Mail: info@companions.de,
Internet: www.companions.de

Autor: Gottfried Aigner
Lektorat und Schlussredaktion:
Sonja Wilhelmer
Schlusskorrektur: Gesche Seemann
Titelgestaltung und Layout:
Cornelia Prott

Druck und Bindung:
optimal media GmbH, Röbel/Müritz

Bildnachweis:
alle Bilder von Gottfried Aigner, außer:
Titelfoto: Image Source RM
Fotolia.com/Pavel Losevsky S. 1,
iStockphoto.com/Maximastudio S. 15,
shutterstock.com/Giancarlo Liguori S. 40,
Fotolia.com/massimhokuto S. 53,
Oasi Belpiano S. 108

Karte: Karthographiestudio Jochen Fischer

Der Autor dankt seiner Frau und Kollegin für ihre selbstlose Unterstützung, Mitarbeit und Organisation sowie für die Kunst, mich als Beifahrerin auch bei mangelhafter Beschilderung sicher durch die winkeligsten Bergstraßen zu leiten.

ISBN: 978-3-8740-725-1